거의 생각들을 담은 글들을
책으로 엮어봤습니다.
늘 감사드리고.
당신이 잘되면 좋겠습니다.

2021년 11월
윤승민 올림.

국민이 잘되면 좋겠습니다

국민이 잘되면 좋겠습니다

유승민의 페이스북 2

도서출판 나루

어느새 2021년의 끝자락입니다.

지난 1월에 품으셨던 여러분의 희망은 지금 어디쯤 와 있는지요.

희망은 한여름날 소낙비가 아니라 천천히 물방울이 떨어지듯이 옵니다.

한여름날 쏟아지는 태양이 아니라, 시린 겨울에 문틈 사이로 스며드는 한 줄기 햇살처럼 희망은 옵니다.

너무 힘이 들어서 다 놓아버려야 하나 포기하고 싶은 그 순간에, 추운 겨울을 버텨낸 땅속 뿌리에서 새싹이 올라와 꽃을 피웁니다.

그래서 희망은 믿음이고 소신입니다.

2021년 저는 여러분이 계셔서 행복했습니다.

2022년에는 여러분의 새로운 희망이 실현되기를,

그리하여 여러분이 다 잘되면 좋겠습니다.

저에게 베풀어주신 사랑, 가슴 속에 따뜻하게 간직하고 살겠습니다.

2021년 겨울 입구에
유 승 민

목차

국민이
잘되면
좋겠습니다

퇴직금에 대한 세금을 없애겠습니다

근로자들의 퇴직금에 부과되는 세금인 퇴직소득세를 없애겠습니다. 현재 퇴직소득세는 한 직장에서 근무한 근속연수 등을 고려해서 퇴직소득공제 후에 6%~45%의 소득세를 징수하고 있습니다.

예를 들어, 20년을 근무하고 1억원의 퇴직금을 받는 경우에는 약 300만원, 20년 근무하고 2억원의 퇴직금을 받는 경우 약 1,000만원 정도를 세금으로 내야 합니다.

퇴직금은 근로자들이 직장을 그만두고 다음 인생을 설계할 때 소중한 종잣돈이 되는데, 막상 세금공제 후 받아 든 퇴직금이 예상보다 적어서 실망하시는 경우가 많습니다. 유승민은 2억원 이하의 퇴직금에 대해서는 근속 연수와 상관없이 퇴직소득세를 없애겠습니다.

이렇게 하면 극소수 고소득자를 제외한 99%의 퇴직자가 혜택을 받으실 수 있습니다. 재취업이나 창업을 준비하거나 은퇴 후 퇴직금으로 노후를 꾸려가야 하는 분들에게는 퇴직소득세 면제가 상당한 도움이 될 수 있습니다. 유승민은 앞으로도 국민들이 먹고 사는 문제를 해결할 수 있도록 최선을 다하겠습니다.　　　　[2021년 9월 9일]

일본 정부는 당장 왜곡된 역사 교과서 승인을 취소해야 합니다

일본 문부과학성이 5개의 출판사가 일본 교과서의 종군위안부와 강제징용에 관한 표현에서 '종군', '강제연행' 등의 표현을 삭제 또는 수정하겠다는 개정 신청을 승인했다고 합니다.

과거의 잘못을 참회하고 용서를 구하기는 커녕 '강제'가 아니었다는 후안무치한 태도입니다.

이는 일본 정부가 스스로 내놓았던 '고노 담화'를 무시한 것이고 대한민국에 대한 심각한 도발입니다.

피해자들의 상처를 후벼파는 폭력적인 행태이며 일본의 미래 세대에게 잘못된 역사를 가르쳐 미래 세대의 한-일 관계에도 커다란 해악을 끼칠 뿐입니다.

일본 정부는 당장 왜곡된 역사 교과서 승인을 취소해야 합니다.

그리고 우리 정부는 이와 관련해 일본 정부에게 강력하게 항의하고 재발 방지를 촉구해야 합니다. [2021년 9월 9일]

광주 갑니다

오늘 광주에 갑니다.

경선 시작하고는 처음 갑니다.

저는 광주와 대구에서 늘 똑같은 얘기를 합니다.

영호남의 이 두 내륙도시가 바뀌면 대한민국이 바뀝니다.

광주에도 개혁보수를 지지하시는 시민들이 많이 계신다고 믿습니다.

그 분들 지지를 받고 싶습니다.

시간이 걸릴 수는 있지만, 정치에서도 진심은 통한다고 믿습니다.

광주 전남 시도민들께 유승민의 진심을 보여드리겠습니다.

[2021년 9월 10일]

나라를 지키다 산화한 영웅들을 잊지 않겠습니다

오늘 광주 방문길에 11년전 연평도 포격전에서 전사한 故 서정우 하사의 모교인 문성중학교를 방문하여 흉상에 흰 국화를 놓고 해병 영웅의 넋을 기렸습니다.

나라를 지키다 산화한 영웅들을 잊지 않겠습니다. [2021년 9월 10일]

공수처는 박지원을 수사하라

소위 '고발사주' 의혹 사건의 제보자가 박지원 국정원장을 만났다고 한다. 현직 국정원장이 등장하여 또 다른 의혹을 키우고 있다.

김웅 의원실에 대한 공수처의 압수수색은 김의원이 피의자가 아니라 참고인임에도 현역 야당의원에게 영장도 제시하지 않은 상태에서 불법적으로 이루어졌고, 압수수색 하면서 '오수, 조국, 미애' 등을 입력하는 황당한 일도 발생했다.

피의자였던 이성윤 서울중앙지검장을 조사할 때 공수처장 관용차로 모시던 것과 완전히 다른 모습이다.

이 일들은 모두 진실을 밝히고 법적 책임을 물어야 할 일들이다.

국내정치에 관여하지 못하도록 법에 규정된 국정원의 장이 이 사건에 개입했다면 명백한 불법으로 응당 책임을 물어야 한다.

공수처는 박지원 국정원장을 즉각 수사하라.　　　　[2021년 9월 11일]

소상공인 손실보상 유승민이 해드리겠습니다

23년 동안 맥줏집을 운영해 오던 자영업자 한 분이 극단적인 선택을 하셨다는 안타까운 소식을 접했습니다. 코로나 사태 이후 영업제한 조치 때문에 매출이 급감했는데 마지막까지 직원들에게 월급을 주기 위해 살고 있던 원룸까지 뺐다는 보도에 더 가슴이 아픕니다.

너무나 힘들었을 생의 마지막 순간까지 자신의 책임을 다하고자 했던 그 마음이 어땠을지...

삼가 고인의 명복을 빕니다.

이런 비극은 더 이상 일어나서는 안됩니다.

제가 코로나 위기 초기부터 주장해왔지만 영업제한 조치로 가장 심한 타격을 입는 소상공인과 자영업자에 대해 집중적인 지원을 해야 합니다. 재난지원금을 "80%를 주자, 88%를 주자, 90%를 주자, 100%를 주자"를 둘러싸고 정부와 민주당이 표를 얻기 위해 벌이는 논쟁은, 오늘 하루도 버티기 힘든 자영업자 소상공인들에게는 한가함을 넘어서 정말 너무 잔인하지 않습니까?

제발 지금이라도 선심성 전국민 퍼주기를 중단하고 소상공인 자영업자, 저소득층의 고통을 덜어주기 위해 어려운 분들에게 국가재정을 집중하기를 강력히 촉구합니다. [2021년 9월 12일]

서울시 곳간이 시민단체 전용 ATM기?

박원순 시장 임기 10년 동안 1조 원에 가까운 혈세가 시민단체에 지급되었다고 합니다.

전례 없는 천문학적인 금액도 문제이지만 지원 과정에서 드러난 불법적 행태는 혀를 내두르게 합니다. 시민단체 출신들이 지원 대상 선정에서부터 지도·감독까지 관여했다고 합니다. 공무원이 해도 될 일을 불필요한 중간 지원조직을 만들어 소위 '통행세'를 뜯어 가는 기가 막힌 사업구조를 짜기도 했습니다.

이런 일이 과연 서울시에서만 있었을까요.

이번에 드러난 추악한 민낯은 지극히 일부에 불과할 수 있습니다.

정권교체만이 민주당 정권의 불법행위들을 발본색원할 수 있는 유일한 길입니다. [2021년 9월 13일]

서문시장에 다녀왔습니다

오늘 대구 서문시장에 다녀왔습니다. 많은 분들이 반겨주시고 손잡아 주셨습니다. 대구에 가면 늘 힘을 얻고 옵니다.

극우 유튜버를 비롯해 방해하는 분들도 계셨습니다만, 저의 상승세가 두렵기 때문에 나오는 반응입니다.

진정한 보수, 대구의 아들로서 꿋꿋하게 나아가겠습니다.

또 대구노인회에 가서 어르신들의 솔직한 말씀과 따뜻한 응원의 말씀을 들었습니다. 그리고 동산병원에서 젊은 간호사, 방사선사, 임상병리사를 만나 코로나 일선 현장에 계시는 의료진의 목소리를 들었습니다.

유승민만이 지금 이 나라의 혼란을 극복하고 경제를 살릴 수 있습니다. 다른 후보들이 정말로 이재명 지사를 이길 수 있다고 생각하십니까?

품격 있는 보수, 강하고 능력있는 유승민만이 할 수 있습니다.

고향에서 응원해 주시면 중도, 수도권, 청년의 마음을 얻어 유승민이 반드시 정권교체 하겠습니다.

문재인 정권의 실정, 유승민이 바로잡겠습니다.

응원해주십시오.

제 고향 대구의 민심이 결국 유승민을 선택해, 정권을 교체할 것입니다.

[2021년 9월 13일]

자영업자 소상공인들을 절망과 좌절 속에
방치해서는 안됩니다

마포 맥주집과 여수 치킨집 사장님의 비보에 이어 평택 노래방 사장님의 슬픈 소식을 접했습니다.

"이젠 쉬고 싶다"는 말을 남기고 30대에 생을 마감한 이 자영업자가 마지막에 혼자 감당해야 했던 삶의 무게는 가늠조차 되지 않습니다. 자영업자 소상공인들을 더 이상 절망과 좌절 속에 방치해서는 안됩니다. 알려지지 않은 죽음은 훨씬 더 많을 것입니다. 이 분들을 위한 특단의 대책을 긴급히 마련해야 합니다. 당장 정부와 국회는 자영업자 손실보상 긴급 추경을 편성해야 합니다. 그리고 자영업자가 신용불량자로 전락하지 않도록 대출연장을 포함한 대책도 행동에 옮겨야 합니다. 전국민 재난지원금이니 90% 지급이니, 전국민에게 기본소득을 줘야한다느니, 자영업자는 나몰라라 하고 그저 표 얻는데만 진심인 문재인 대통령과 이재명 후보에게 경고합니다.

당신들의 눈에는 절망 속에 스러져가는 자영업자들의 죽음이 보이지 않습니까? 재난지원금 없이도 살아갈 수 있는 사람들에게 왜 예산을 씁니까? 그 돈을 어려운 자영업자 소상공인, 저소득층을 위해 써야 하지 않겠습니까? 문재인 정권과 민주당이 자영업자들을 죽음으로 내몰고 있습니다. 이건 죄를 저지르는 겁니다. 유승민이 반드시 심판하고 바로잡을 것입니다.　　　　　　　　　　　　[2021년 9월 14일]

조용기 목사님의 뜻이 후대에도 전해지길 바랍니다

　　영산(靈山) 조용기 원로목사님이 하나님의 부르심을 받았습니다. 조용기 목사님은 우리나라 기독교의 역사에 큰 자취를 남기신 분입니다. '오른손이 한 일을 왼손이 모르게 하라'는 성경의 가르침을 따랐고, 국내외에 선한 영향을 끼치며 많은 분들에게 귀감이 되는 삶을 사셨습니다. 목사님의 뜻이 후대에도 전해지길 바라며, 편히 잠드시길 기도합니다. 삼가 유가족을 비롯한 성도님들에게도 심심한 위로의 말씀을 전합니다.　　　　　　　　　　　　　　　　[2021년 9월 14일]

영산 조용기 목사의 65년 목회

입력 : 2021-09-14 07:52

조용기 여의도순복음교회 원로목사의 65년 목회를 요약하면 오중복음(중생·성령충만·신유·축복·재림), 삼중축복(영혼과 범사 잘되는 축복, 강건하게 되는 축복), 4차원의 영성(생각·꿈·말·믿음)이라 할 수 있다. 좀 더 축약하면 절대 희망과 절대 긍정의 신학이다. 특히 "성령님을 환영하고 인정하고 모셔 들이고 의지하라"는 당부는 영산(靈山, 조 목사의 호) 신학의 요체다.

국민일보 9.14

반성 없는 문재인 부동산 정책, 제정신입니까?

'집값 급등은 세계적 현상이고 한국 상승률은 평균보다 낮다.'

이런 소리를 제정신으로 할 수 있습니까?

문재인 정부 부동산정책 설계자라는 김수현 전 청와대 정책실장이 주장한 내용입니다. 눈과 귀를 의심하지 않을 수 없습니다.

집값 폭등에 이어 전월세난까지 일으킨 주범이 할 소리입니까?

도대체 염치라고는 눈곱 만큼도 없는 것입니까?

진보의 위선은 어디까지입니까?

문재인 정부가 출범하기 직전에도 김수현 전 실장은 『꿈의 주택정책을 찾아서』라는 책을 낸 적이 있습니다.

'꿈의 주택정책'을 구현해서 이 모양 이 꼴이 된 것입니까?

'우리는 자가에 살 테니 너희는 우리가 만들어주는 임대주택에 살면 되지 않느냐?'는 것이 위선적인 정권의 꿈이었습니까?

열심히 일해도 물려받은 것 없는 사람은 집도 못 사고 대출도 못 받게 하는 게 염치없는 정부의 꿈이었습니까?

집을 못 가진 사람은 분노의 꿈을 꾸게 하고, 집 있는 사람은 세금 걱정의 꿈을 꾸게 한다는 소리였습니까?

집값 폭등시켜서 무주택자와 유주택자 편 가르기에 성공하면, 표를 더 얻을 거란 계산이 들어맞았습니까?

문재인 정부 식의 부동산 정책, 당장 멈춰야 합니다. 이재명 지사가 주장하는 기본주택으로 민주당이 부동산 정책을 계속 끌고 가면 상황은 더욱 끔찍해질 것입니다. 공급을 확대하고, 무주택자와 실거주 1주택자의 갈아타기를 위한 대출 규제는 합리적으로 조정해야 합니다. 거짓과 위선과 편 가르는 문재인식 부동산 정책, 유승민이 반드시 바로잡을 것입니다. [2021년 9월 14일]

무고죄, 이제는 엄히 처벌해야 합니다

지난 11일, 불륜 상대방의 배우자로부터 민사소송을 당하자 성폭행을 당했다고 허위 고소한 20대 여성이 집행유예를 선고 받았습니다.

불륜남을 두둔할 생각은 없습니다.

그러나 이런 무고는 폭력 못지 않게 파렴치한 행위입니다. 그럼에도 이 여성은 고작 집행유예를 선고 받았습니다. 남의 인생을 망칠수 있는 큰 범죄에 비해 처벌은 너무 약합니다. 피해를 주장하는 사람이 여성이냐 남성이냐에 상관없이 무죄추정의 원칙과 증거재판주의가 지켜져야 합니다. 그리고 무고죄에 대한 양형기준을 엄하게 바꿔야 합니다. 성범죄, 비성범죄를 가리지 말고 중죄 선고율이 높은 범죄를 무고하는 경우 그 처벌을 강화해야 합니다

남의 인생을 망칠 생각이라면 본인 인생도 걸어야 한다는 사실은 최소한 염두에 둘 수 있도록 말입니다.   [2021년 9월 14일]

윤석열 후보님, 비정규직이 정규직과 다를 바 없다니요?

"사실은 임금의 큰 차이가 없으면, 비정규직이나 정규직이 뭐 큰 의미가 있겠어요?"

"특히 요새 우리 젊은 사람들은 어느 한 직장에 평생 근무하고 싶은 생각이 없잖아요."

윤후보님, 이게 우리 청년들에게 할 말입니까?

평생 검찰공무원으로 살아서 청년들의 마음을 모르는 거 같네요.

언제 짤릴지 모르는 비정규직의 심정을 그렇게도 모르나요?

청년들이 평생직장을 원하지 않다니요?

공무원 시험에 매달리는 청년들의 절박함이 보이지 않습니까?

청년들 앞에서 그런 말을 하려면 586 기득권을 비롯한 윗세대부터 솔선수범해야죠.

강성노조의 보호를 받는 정규직의 양보를 받아야지요.

그런 것 없이 윗세대는 정규직 평생직장 다니면서 청년들만 비정규직으로 메뚜기처럼 평생 이직하라는 말입니까?

고용안정에 대한 개념조차 없는 발언입니다.

현실을 모르면서 함부로 말하지 마세요.

대통령 후보 자격을 논하기 전에,

같은 시대, 같은 나라에 사는 분 맞나 싶습니다.　　[2021년 9월 14일]

이재명 지사님은 언론탓 그만 하고,
자신 있으면 자료 공개하십시오

성남 대장동 개발사업을 두고 이재명 지사의 해명이 가관입니다.

숱한 의혹 투성이에 "마타도어가 난무한다," "억지도 이런 억지가 없다"며 적반하장격으로 언론을 공격하고 있습니다.

핵심은 투명성입니다.

아무리 공공개발이라 하더라도 특혜를 주고, 절차적 정당성을 지키지 않았다면 이는 수사대상이고 비판받아 마땅합니다.

오늘 새로운 의혹이 또 터졌습니다.

이 지사와 특수관계 의혹을 받고 있는 '성남의 뜰'이 민간사업자 공모 당시 사업계획서 접수 하루만에 선정됐다고 합니다. 공공이든

민간이든 1조5,000억원 규모의 사업계획서를 하루 만에 검토하여 선정하는 사례를 들어 본 적이 없습니다. 하루 만에 이렇게 큰 규모의 사업계획서를 선정했다는 의혹 자체가 수사대상입니다.

성남시와 '성남의 뜰'이 사전 교감이 있었다고 볼 수밖에 없는 상황입니다. 이재명 지사께서 그렇게 떳떳하고 자신 있다면 모든 관련 자료를 투명하게 공개하면 됩니다. 성남도시개발공사는 관련 자료 제출을 거부하고 있습니다. 이 지사 스스로 모범공익 사업이라고 자화자찬하는데 자료공개는 왜 거부하는 것입니까?

근거 있는 의혹에 대해 언론을 상대로 화풀이를 해서는 국민의 공감을 얻을 수 없습니다.

빨리 자료 공개나 하십시오!   [2021년 9월 15일]

1차 경선에 보내주신 성원에 감사드립니다

이제 본격적인 경선과 토론이 시작됩니다.

누가 문재인 정부가 망쳐 놓은 대한민국을 바로 세우고 누가 새로운 대한민국의 비전과 전략, 정책을 갖고 있는지, 누가 집값 잡고 좋은 일자리를 만들어 여러분의 삶을 진정 바꿀 수 있는지, 국민 여러분께서 똑똑히 보시게 될 것입니다.

경제에 강한 유승민!

안보에 강한 유승민!

미래에 강한 유승민!

민주당에 강한 유승민!

이제 곧 보여드리겠습니다.

끝까지 성원을 부탁드립니다.

유승민이 돼야 이깁니다!

유승민만이 정권교체의 필승카드입니다!

[2021년 9월 15일]

北 또 핵·미사일 도발! 文대통령 유엔 가서
무슨말 할 건가?

북한이 지난 11일과 12일 이틀 동안 순항미사일 3발을 발사한 데 이어, 인천상륙작전 기념일인 오늘 탄도미사일 2발을 발사했습니다.

지난 7월엔 IAEA(국제원자력기구)가 북한이 영변의 플루토늄 원자로를 재가동한 사실을 포착했고, 최근엔 우라늄 농축 징후도 포착했다고 보도되고 있습니다. 이는 유엔 안보리 결의안의 명백한 위반 행위들입니다. 이처럼 북한 핵·미사일 경보음이 연이틀 울렸음에도 정작 우리 정부는 천하태평입니다.

오히려 대북 인도적 협력을 빙자해서, 전국 모든 지방자치단체를 '대북지원 사업자'로 지정하는 등 대북제재 완화를 추구하는 얼빠진 조치를 했습니다. 유엔총회 참석차 출국 예정인 문재인 대통령에게 촉구합니다. 영변 원자로 재가동과 미사일 발사 도발은 북한이 털끝만큼도 변하지 않았음을 보여주는 단적인 사례입니다.

북한의 핵위협은 문재인 정부의 무능하고 무책임한 대북 굴종정책 속에서 자라난 독버섯입니다. 지금이라도 대북 환상에 기댄 뜬구름 잡는 '한반도평화프로세스' 정책을 포기하고, '현실'과 '상호주의'에 튼튼하게 뿌리 내린 새로운 대북정책으로 전환하십시오.

그것이 '국가 보위, 국민의 생명과 재산 보호'라는 대통령의 헌법상 책무를 다하는 길임을 명심하기 바랍니다.　　[2021년 9월 15일]

이재명 지사는 표가 자영업자 목숨보다 더 중요합니까?

이재명 경기도지사가 정부의 재난지원금을 못받는 경기도민 253만 7천명에게 1인당 25만원을 지급한다고 합니다.

그런데 경기도 평택에서 노래방을 운영하던 30대 사장은 "이젠 쉬고 싶다"는 말을 남기고 극단적 선택을 했습니다.

25만원 없어도 살아갈 수 있는 253만 7천명과 극단적 선택을 한 자영업자…

절박하게 돈이 필요했던 자영업자를 위해 예산을 썼더라면 생을 달리 하지 않을 수 있었을텐데…

이 지사는 왜 절망적 상황으로 내몰린 자영업자들을 살리기 위해 그 돈을 쓸 생각은 하지 않을까요? 이 질문은 공동체를 유지하기 위한 근본적이고 철학적인 질문입니다.

"소득이 많다는 이유로 재난지원금에서 배제하는 것은 합리적 이유가 없는 차별이다."

이것이 이 지사의 말입니다.

1년반 넘게 원칙도 기준도 없는 방역대책과 영업규제로 자영업자들의 희생만 강요했고, 그 결과 많은 분들이 절망에 빠져 삶을 포기하고 있습니다.

국가는 누구에게 먼저 손을 내밀어야 합니까?

죽음으로 호소하는 분들에게 도움의 손길을 먼저 내미는 게 정치인의 당연한 도리 아닙니까?

이 지사에게는 세금을 펑펑 퍼줘서 선거에서 표를 얻는 게 자영업자들 목숨보다 더 중요합니까?

대선을 앞둔 매표행위가 우리 공동체가 살릴 수 있었던 자영업자를 죽음으로 내몰고 있는 겁니다.

이건 너무나 비인간적인 죄입니다.

복지의 원리를 논하기 전에, 이런 죄의식조차 없는 사람을 대통령으로 뽑는다면 대한민국이 어떻게 되겠습니까?　　[2021년 9월 15일]

어젯밤 인스타 라방에서의 소중한 말씀들…

어젯밤 두번째 인스타 라방을 했습니다.

가슴 찌릿하다가 저절로 웃음 짓기도 하다가… 소중한 말씀들을 경청한 대화의 시간이었습니다.

woong._.2 님이 "나라의 심장이 멈춰있다. 어떤 나라도 무시 못하는 나라, 다른 나라들이 부러워하는 나라를 만들어달라"고 했을 때 제 심장이 멈추는 거 같았습니다.

웅님은 족발가게를 5년 하다가 코로나로 폐업했는데, 지금 많은 자영업자들이 "폐업하고 싶어도 대출금을 한꺼번에 갚아야 하기 때문에 폐업도 못한다. 폐업해도 대출금 상환할 시간을 더 달라"는 말씀이 너무나 와닿았습니다.

라방 끝나고 바로 국회 정무위원인 유의동 의원님께 금융위원회와 즉시 협의해서 정부대책에 포함시켜 달라고 부탁했습니다.

결과 아는 대로 바로 알려드리겠습니다.

안양에서 노래방은 하다 폐업하고 지금은 아이러니하게도 코로나 진단키트 만드는 회사에서 일하며 배달일까지 하신다는 win.minn 님은 영업규제가 너무 비현실적이고 주52시간도 현실을 무시하는 측면이 있다고 지적해주셨습니다.

윈민님의 안양 노래방 얘길 듣는 순간 얼마전 평택 노래방 30대 사장님의 슬픈 소식이 떠올라 마음이 무겁게 가라앉았습니다.

대통령 되면 청와대에서 인스타 라방으로 국민과 소통하라는 말씀은 지금 저의 공약으로 약속드립니다.

인스타, 유튜브, 페북 라방을 동시에 해서 여러분의 생생한 삶의 얘기를 듣는 대통령이 꼭 되겠습니다.

그리고 유치타... 유승민이 민주당에게 치명타가 꼭 되어서 정권교체하고, '심장이 다시 뛰는 대한민국'을 유승민이 만들겠습니다.

[2021년 9월 16일]

윤석열 후보님, 중문학과 장동원 학생의 질문에 답해주세요

윤석열 후보님,

안동대에서 하신 말씀을 듣고 충격을 받았습니다.

비정규직의 현실을 모르는 말은 이미 지적했지만, "손발 노동은 인도도 안 한다. 아프리카나 하는 것"이라는 말을 듣고는 지난번 '120시간' 발언이 그냥 실수가 아니었군요.

두테르테 발언이나, 인도, 아프리카 발언은 외교적 기본상식이 1도 없는 결례입니다.

노동에 대한 윤후보의 철학은 무엇입니까?

오늘도 '손발 노동'으로 살아가는 수많은 사람들은 윤후보님 말대로 '아프리카로 가야' 합니까?

구의역에서 손발로 스크린도어를 고치다 숨진 김군, 평택항에서 손발로 컨테이너의 쓰레기를 치우다 숨진 이군의 비극에 대해 윤후보는 평소 어떤 생각을 갖고 있었습니까?

사회복지사로 복지관에서 일하다가 도배사로 직업을 바꾸고 천정과 벽을 마주하며 손발 노동으로 자아를 실현하고 있는 배윤슬 님의 이야기를 들어보셨나요?

이 분의 〈청년도배사 이야기〉를 읽어보세요.

세상에는 검사만 있는 게 아닙니다.

"인문학은 대학 4년과 대학원까지 공부할 필요가 없다"는 말은 도대체 무슨 논리인가요?

윤후보의 이 말에 충격을 받고 질문을 던진 서울대 중문학과 3학년 장동원 학생의 페북 글, 읽어보셨습니까?

"인문학은 정신적 공백과 사회적 고통을 치유하는 힘이 되었습니다. 문학과 예술은 사람을 느끼고 이해하도록, 사학은 지나간 것을 정리하고 돌아보도록, 철학은 사유하도록 도왔습니다. 그렇게 이루어진 치유는 대한민국이 다른 나라보다 덜 분열되며 더 따뜻한 사회로 남고자 하는 힘의 원동력이었다고 생각합니다...그래서 윤석열씨,

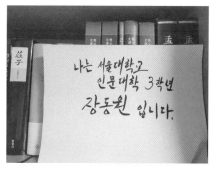

당신에게 인문학은 무엇이길래 그리 짧고 얕은 공부로도 가능한 것입니까? … 나는 '할 필요 없는' 공부일지라도 계속 나아가렵니다."

장동원 학생의 이 글을 읽고 제가 얼굴이 화끈거렸습니다.

윤후보는 인문대 옆의 법대 출신이시죠.

오로지 사시 합격을 위해 9수를 하는 건 괜찮고 인문학은 대학, 대학원 공부를 할 필요가 없다니 세상에 어떻게 이런 생각을 합니까?

혁신적 기업가가 공대 출신이어야 한다는 법은 없지요.

스티브 잡스도 공대 졸업생이 아니죠.

철학을 공부했고, 그가 청강했던 캘리그래피 수업은 매킨토시 폰트의 토대가 되었죠. 그리고 아름다운 세상을 만드는 데 빛나는 기여를 한 위대한 철학자, 사상가, 문학가, 역사학자, 종교인, 예술인들은 또 얼마나 많았습니까.

윤후보께 김영민 교수의 〈공부란 무엇인가?〉 일독을 권하고 싶습니다.

경북 안동은 제 어머니의 고향입니다.

이육사 시인의 고향이고 퇴계의 고향입니다.

하필 그 안동에서 인문학이 필요없다고 말한 윤후보의 정신세계도 참 이해하기 쉽지 않네요.

윤후보님, 장동원 학생의 질문에 뭐라고 답하겠습니까?

[2021년 9월 16일]

자영업자 손실보상, 강하고 현실적인 해법을 약속합니다

정부와 국회가 손실보상법을 통과시켰습니다.

하지만 자영자들이 손에 쥔 것은 밀린 대출뿐입니다.

우리나라 개인사업자 중 소득파악이 어려운 간이과세자의 비율이 전체의 1/4에 달합니다.

그러나 적절한 손실측정 방법이 없다는 이유로 '소급적용'을 미뤄서는 안됩니다. 강하고 현실적인 대안이 필요합니다.

첫째, 헌법 23조에 명시된 정당한 보상을 국가가 지급해야 합니다.

국가가 감당할 수 있을 만큼의 충분한 경제적 손실보상을 반드시 해야 합니다. 둘째, '개인 워크아웃' 제도를 도입하여 자영업자들이 대거 신용불량자로 전락하지 않도록 하고 이 분들의 신용회복을 추진하겠습니다. 셋째, 지난 2년간 자영업자들이 정책금융기관 및 시중은행에서 빌린 사업자금 일체에 대한 이자를 탕감하겠습니다. 또한 대출원금은 코로나 종식 이후 5년간의 회생기간을 거쳐 단계적으로 갚을 수 있도록 유예하겠습니다. 넷째, 정부와 정책금융기관, 민간기업등이 참여하는 국책펀드를 조성하겠습니다.

정부 예산은 물론 코로나 수혜기업 및 대기업의 사회적 기여를 통해 재원마련을 하겠습니다. 자영업자의 손실보상, 국가가 전적으로 책임지겠습니다. [2021년 9월 16일]

홍준표 후보님, 이건 아니지요

홍준표 후보께서 "조국 일가에 대해 검찰이 과잉수사를 했다. 조국이 사내답게 '내가 다 책임지겠다'고 했으면 가족들은 고생 안해도 됐을텐데…"라며 조국 수사가 과했다고 합니다.

홍 후보님, 이건 아니지요.

조국 사건은 부인과 동생까지 모두 불법을 저지른 일 아닙니까. 조국이 아무리 "내가 책임진다"고 외친들 정경심의 불법을 어떻게 봐준다는 말입니까? 이들 일가의 불법·특권·반칙·위선 때문에 온 국민이, 특히 청년들이 분노와 좌절에 빠졌는데 과잉수사라니요.

조국 부부가 범법자인데 '1가구1범죄만 처벌해도 된다'는 식의 생각은 대체 그 근거가 무엇인지 아무리 생각해도 이해가 안됩니다.

저도 "법은 관용을 베풀어야 한다"고 배웠습니다. 그러나 법의 관용은 누가 봐도 딱하고 불쌍한 처지의 약자를 위한 것이지 조국 일가를 위한 것은 아닌 것 같습니다.

홍 후보님께서 생각을 바로 잡으시길 기대합니다.

그리고 윤석열 후보님, 토론에서 후보가 공격을 당했다고 그 지지자들이 밖에서 폭력을 행사해서는 안됩니다. 지지자들이 벌인 일이라고는 해도 후보자 본인이 자제를 촉구하고 재발 방지 조치를 취해야 합니다.

정정당당하게 토론은 토론으로 맞서길 바랍니다. [2021년 9월 16일]

'자화자찬 바이러스 백신'은 없습니까?

문재인 대통령의 백신 자화자찬이 또다시 시작됐습니다.

文대통령은 1차 접종률 70% 달성을 두고 "놀라운 접종 속도," "타의 추종을 불허한다"고 말했습니다.

대부분의 백신은 2차까지 접종해야 그나마 제대로 된 효과를 볼 수 있습니다.

국민들은 변이 바이러스로 인해 2차 접종을 끝내도 불안해하고 있습니다.

그럼에도 1차 접종률을 가지고 요란을 떠는 건 참으로 보기 민망합니다.

백신 확보 거짓말로 국민을 우롱하고 방역 대응 실패로 자영업자, 소상공인을 사지로 몰아넣고서도 아직까지 정신을 못차린 것입니까?

스스로 극단적인 선택을 하신 자영업자들께 죄송하다면 이렇게까지 말할 수가 없을 겁니다.

정작 죽음으로 내몰리는 자영업자, 소상공인들의 목소리는 외면하고 희망고문만 하는 게 대통령이 할 말입니까?

1도 위로되지 않는 말을 할 것이라면 차라리 입을 다물고 계십시오.

그게 진짜 국민들을 위하는 방법입니다.　　　　[2021년 9월 17일]

제2회 청년의 날을 축하합니다

청년! 듣기만 해도 설레는 말입니다. 인생의 매 순간이 소중하고 아름답지만 청년의 시간은 더 특별합니다.

'꿈과 희망'이 있기 때문입니다.

노력하면 성공할 수 있다는 희망, 성실하게 돈을 모으면 집 한 채 살 수 있다는 희망, 오늘보다 나은 내일에 대한 희망이 있기 때문입니다. 하지만 청년의 희망이 무너지고 있습니다.

조국 사태에서 보듯 피땀 흘려 노력해도 성공의 과실은 기득권층이 반칙과 특권으로 앗아가 버립니다.

일하고 싶어도 일 할 자리가 없습니다.

내 집 마련은 고사하고 결혼마저 사치로 느껴집니다.

문제는 문재인 정부입니다.

청년의 아픔을 이해하는 척 말은 하지만 그뿐입니다.

정작 근본적인 문제 해결에는 손을 놓고 국가부채는 모두 청년들에게 떠넘기고 있습니다.

유승민은 무너진 청년의 희망을 다시 만들어 드리겠습니다.

민주당 정부가 망가뜨린 '공정과 정의'를 바로 세우고, 공평한 기회를 보장하겠습니다.

경제를 살려 일자리를 만들겠습니다.

땀 흘려 노력하면 내 집을 살 수 있는 세상을 만들겠습니다.

뒤처진 이들에게는 따뜻한 공동체의 따뜻한 온기로 보호하겠습니다. 노력이 보상받는 세상, 일자리가 복지가 되는 세상, 국가를 위해 헌신한 이들을 제대로 예우하는 세상을 만들겠습니다.

청년의 날을 축하드리며 청년 여러분과 함께 희망찬 내일을 만들겠습니다.   [2021년 9월 18일]

홍 후보님, 자유한국당으로 돌아가고 싶습니까?

홍준표 후보께서 "탄핵 당시 당을 쪼개고 나갔던 경선 후보들"이라며 저를 비난했군요.

자유한국당 시절이 몹시 그리운가 봅니다.

똑똑히 해둡시다.

자유한국당, 새누리당 시절 보수의 잘못을 반성하고 새롭고 건강한 중도보수 정치를 하자고 국민의힘을 만든 거 아닌가요?

개혁보수의 힘이 보수에 새 희망을 가져온 것을 부정하십니까?

이준석 대표, 오세훈 시장, 모두 다 개혁보수 출신인데 이 분들 앞에서는 왜 머리를 숙이셨나요?

'조국수홍' 하다가 아차 싶으니까 종로에서 뺨 맞고 한강에서 화풀이 하는 겁니까?

그런다고 2030 마음이 돌아오나요?

이게 정도(正道)로 하는 겁니까?

자유한국당 대표 시절 본인의 잘못을 잊어버린 겁니까?

본인의 수사철학이니 관례니 운운하며 핑계 대지 말고 조국 가족 비호한 거나 사과하시기 바랍니다.　　　　　　　　[2021년 9월 18일]

다시 한국경제를 살려내겠습니다

정치를 하기 오래 전부터 박정희 전 대통령을 존경했습니다.

이 나라를 오랜 가난으로부터 해방시킨 그 분의 업적은 역사에 길이 남을 것입니다.

오늘 구미 박정희 전 대통령 생가를 방문하면서, 반드시 정권교체에 성공해서 먹고 사는 문제를 해결하는 대통령이 되겠다는 각오를 다졌습니다.

다시 대한민국 경제를 뛰게 만들겠습니다.　　　[2021년 9월 19일]

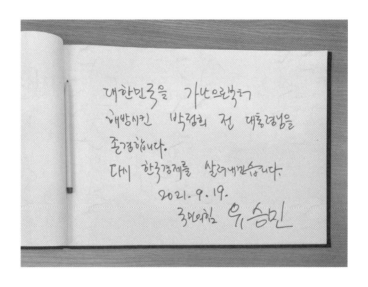

박정희, 이병철... 거인들의 정신을 이어받아
한국경제의 심장을 다시 뛰게 만들겠습니다

어제 구미 박정희 대통령 생가에 다녀왔고, 오늘 대구에서 삼성의
발원지와 이병철 회장의 삼성상회를 가봤습니다.

사업보국(事業報國), 故 이병철 회장의 기업가정신입니다.

일등기업을 만들어 좋은 일자리를 많이 만들고 세금을 많이 내어
나라와 국민에게 보답하는 것이 기업의 사명이라는 것입니다.

지난번 방문했던 포항제철의 창립자 故 박태준 회장의 기업가정신
은 제철보국(製鐵報國)이었습니다.

박정희, 이병철, 박태준, 정주영, 구인회, 김우중... 이 거인들께서 대한민국을 가난으로부터 해방시키고 한강의 기적이라는 성장신화를 쓰셨습니다.

　유승민은 한국경제의 심장을 다시 뛰게 만들겠습니다.

　30년간 추락해온 한국경제를 다시 성장의 길로 나아가게 만들겠습니다.

　경제와 일자리를 걱정하신다면, 경제를 살릴 유일한 대통령은 유승민 뿐입니다.

[2021년 9월 20일]

오랜만에 찾은 불로시장

대구 불로시장을 오랜만에 찾았습니다.

많은 분들이 뜨겁게 맞아주셨습니다.

저를 제일 잘 아시는 대구시민들이십니다.

끝까지 최선을 다해 진심을 알리면

대구시민들께서 힘이 되어 주실 거라고 하십니다.

감사드립니다.

불로시장에서 용기를 얻습니다.

추석 잘 쉬시고 건강하시고 힘내시기 바랍니다.

[2021년 9월 20일]

화천대유, 이재명 지사는
내로남불 시즌2를 찍고 있습니까?

멸망한 공산주의 체제와 조국 같은 사람들에게는 공통점이 있습니다. 특혜를 없애겠다면서 자기 주변 사람만은 예외로 삼는 것, 평등을 이야기하면서 자기 측근들에게는 이권을 몰아주는 것, 갈등을 선동하면서 자신이 선택한 특권층에게는 면죄부를 주는 것.

화천대유가 점입가경입니다.

이재명 지사와 가까운 사람들, 이 지사 재판에 영향을 준 이들, 심지어 이 나라 대법관을 지냈던 사람의 이름까지 등장합니다.

이 지사 대신 감옥에 갔다는 또다른 측근은 사건이 문제가 되기에 앞서서 외국으로 미리 도피했다는 의혹까지 들려옵니다.

일산대교와 같이 국민연금이 하는 민자사업은 안되고, 이재명 지사 측근이 어마어마한 특혜를 보는 민자사업은 되는 겁니까?

사실 모두에게 기본소득 몇 푼 나눠주며 눈길을 돌리려는 목적은

성남 대장동 건처럼 수백억 수천억 천문학적 특혜를 주는 데 있는 것 아닙니까?

상식적으로 도저히 이해가 안 되는 이런 일들이 이재명 지사와 관련해 계속 터져나오는 것은 우연에 불과합니까?

이재명 지사와 관련된 자금이 정말로 안 들어간 게 맞습니까?

괴물과 싸우는 시민운동을 주장하며 괴물이 되어버린 이재명 지사

는 수사 제대로 받고, 국감과 특검 요구에 응하십시오.

　이런 식으로 '에일리언 대 프레데터' 같은 경쟁이 계속된다면, 포퓰리스트에게 나라의 운명을 맡긴다면, 대한민국의 미래는 없습니다.

[2021년 9월 20일]

문재인 대통령은 과연 어느 나라 대통령인가요

문재인 대통령의 제76차 유엔총회연설을 보면 이 분이 과연 어느 나라 대통령인지 의아합니다.

문 대통령은 대한민국을 위협하는 북한의 핵무기에 대해서는 한마디도 하지 않고 평화쇼, 남북협력을 되뇌이다가 국제사회에서 누구도 공감하지 않는 종전선언을 또 다시 내밀었습니다.

한반도의 전쟁 위기는 종전선언이 아니라 김정은 정권이 핵무기를 포기하고 북한 주민들을 사람답게 대우하면 해결됩니다.

문 대통령은 마지막 유엔연설에서도 대한민국의 안보와 북한 주민의 인권은 안중에 두지 않았습니다. 참담하고 부끄러운 일입니다.

[2021년 9월 22일]

윤석열 후보님, 군 의무복무가 무슨 직장입니까?

"가족, 직장 뭐 이런 것을 다 고려해서 하기 때문에 그 일환으로 군생활도 하나의 직장으로 보고 청약점수를 계산하는 데 포함시킨 거다."

윤후보께서 저의 한국형 G.I.Bill 공약 중 주택청약 5점 가점을 베끼고는 한 말입니다.

우선 남의 공약을 그대로 '복붙'하면 양해라도 구하는 게 상도의 아닙니까?

부동시라는 이유로 병역의무를 하지 않은 윤 후보에게는 군 의무복무가 직장으로 보입니까?

인생에서 가장 중요한 시기에 원하지 않아도 병역의 의무가 있으니 가야 하는 게 군대 아닌가요?

군이 어떻게 직장과 같습니까?

그리고 직장이 청약가점에 들어간다는 말은 처음 들어봅니다.

사실이 아니죠.

입만 열면 사고를 치는 불안한 후보로 정권교체 할 수 있겠습니까?

차라리 지난번처럼 대리발표 하는 게 낫겠습니다.

[2021년 9월 22일]

이재명 지사님,
왜 특검과 국정조사는 안된다는 겁니까?

화천대유 비리 의혹에 대해 이재명 지사는 동문서답하는 얄팍한 수로 뭉개려 하고 있습니다.

의혹의 핵심은, "엄청난 돈벼락을 맞은 이들이 왜 하필 이 지사와 이리저리 얽힌 사람들이냐" 아닙니까?

그런데 이 지사는 이 의혹에 대해서는 한마디도 수긍할 만한 설명을 못한 채 '마타도어' '5.18을 폭동이라고 한 것과 똑같은 가짜뉴스'라고 하더니 뜬금없이 '100% 택지 공영개발'을 주장하고 있습니다.

이 지사의 100% 공영개발은 그야말로 '갑툭튀'입니다. 성남시와 이 지사가 의혹의 핵심인데, 100% 공영개발을 하면 비리가 사라진다?

이게 무슨 황당한 궤변인지요.

자신이 1원도 안받았고 깨끗하다면 검찰수사든 특검이든 국정조사든 기피할 이유가 없지 않겠습니까. 그런데 수사는 받겠지만, 특검이나 국정조사는 받지 않겠다고 합니다. 스스로 '모범 공익사업'이라 해놓고 특검 등을 거부할 이유가 없지 않습니까?

이 비리의혹의 핵심측근이 미리 해외로 도피해서 관련자들이 하나둘씩 사라지고 있다는 의혹도 나오고 있습니다.

심지어 이제는 이들의 신변이 위험해지는 상황을 막아야 한다는 황당한 걱정까지 나오고 있습니다.

이 지사는 '자다 봉창 두드리는 소리' 그만 하시고 어떤 수사나 조사에든 성실히 응하기 바랍니다. 화천대유 비리 의혹의 또다른 충격적인 장면은 판사와 검사 출신 변호사들의 추악한 모습입니다.

평생 법으로 살아왔다는 사람들이 검은 돈으로 뒷거래한 것이 사실이라면 이들에게 엄중한 법적 책임을 물어야 사법정의가 살아날 것입니다. [2021년 9월 23일]

"너무 이해가 없다"는 문대통령,
국민들은 너무 어이가 없네요

문재인 대통령이 자신의 유엔총회 종전선언 발언에 대해 "야당의 반응을 보면 너무 이해가 참 없구나"라고 했습니다.

그러면서 "종전선언은 주한미군 철수나 한미동맹과 아무 관계가 없다"는 궤변을 늘어놓았습니다. 그런데 북한의 리태성 외무성 부상은 "종전선언은 종잇장, 허상에 불과하다. 아직은 종전을 선언할 때가 아니다"고 면박을 줬습니다. 문 대통령은 북한의 면박에는 찍소리도 못하고 야당에게만 '이해 부족'이라고 나무랍니다.

이런 익숙한 장면을 또 봐야 하는 국민들은 너무 어이가 없습니다.

북한에게 쏟는 정성의 반의반만이라도 국민과 야당을 존중할 수는 없습니까. [2021년 9월 24일]

집이 없어 청약통장 못 만들었다는 윤석열 후보님께

부쩍 '민지와 민초'를 찾으시는 윤석열 후보님, 요즘 청년들에게 청약 통장 만들기는 필수 과제라는 걸 알고 계십니까?

주거 불안에 시달리는데다, 문재인 정부가 일으킨 부동산 대란, 집 값 폭등을 보면서 불안감이 더 커졌기 때문이죠.

그런데 집이 없어서 한번도 청약통장을 만들어 본 적이 없다니요.

지난 2차 TV토론 때 윤 후보님께 말씀드렸듯이, 제대한 청년에게 청약 가점 준다는 제 공약을 베낀 점은 그럴 수 있다고 치겠습니다.

그런데 집이 없어서 청약통장을 만들어보지 못했고 한번도 시도해 본 적이 없다니요.

윤 후보님 해명대로라면 평생을 부모님 댁에서 살았고, 검찰 관사에서 살았고, 이제는 사모님이 마련한 집에서 사느라 부동산 문제가 얼마나 심각한지 사실은 체감하지 못하고 계신 것 아닙니까.

부동산 전월세 계약 정도라도 해본 적은 있으십니까.

군 면제 받은 분이 군대 다녀온 청년에게 청약 가점 준다는 공약을 내놓았으면 말입니다.

적어도 청년들이 왜 그렇게 청약통장을 만들려고 하는지, 그렇지만 청년은 청약통장이 있어도 왜 당첨이 되기 어려운지, 만에 하나 당첨이 된다 해도 물려받은 것 없으면 왜 집을 못 사는지 정도는 알고 계셔야 하는 것 아닙니까.

'민지 민초'만 찾으면 뭐가 달라집니까.

그러니까 윤 후보님이 반값 주택을 공급하겠다는 문재인 정부식 '로또 당첨', '하나도 공정하지 않은' 공약을 내놓는 것 아니겠습니까.

기성세대만 내 집 마련하는 현실을 윤 후보님이 어떻게 바꿀 수 있겠습니까.

궁금한 게 있으면 침대 축구식 토론 그만하시고, 다음 토론 때는 피하지 말고 물어주십시오. 기대하겠습니다. [2021년 9월 24일]

제가 어제..

확진자 3,000명 초과, 文정부 무능의 끝은 어디인가?

코로나19 확진자가 3천명이 넘는 초유의 사태가 벌어졌습니다.

지난 8월 10일 2,000명을 초과한 이후 두 달도 안 된 상황에서 또다시 최악의 수치를 기록했습니다. 상황을 이렇게까지 악화시킨 문재인 정부의 무능과 뻔뻔함을 지적하지 않을 수 없습니다.

마스크 대란, 백신 도입 거짓말, 코로나 조기 종식 희망고문, K방역 자화자찬쇼 등 대체 국민들은 언제까지 문재인 정부를 인내하고 견뎌야 하는 것입니까? 정말 한심하고 화가 납니다.

대통령 지지율과 바꿔 먹은 재난지원금이 자영업자와 소상공인에 집중되었다면 좀 더 강력한 거리두기를 할 수 있었습니다.

K방역 홍보에 열을 올릴 게 아니라 백신 도입에 더 노력했다면 이런 최악의 사태를 겪지도 않았을 것입니다.

국민의 이름으로 문재인 대통령에게 경고합니다.

쇼를 멈추십시오. 이제 일을 하십시오.

중국과 북한에 고개를 숙일 게 아니라 자영업자 소상공인에게 허리를 굽히십시오. 백신 확보와 접종율 제고를 위한 모든 방안을 강구하십시오. 이제 인내의 시간은 가고 민심의 준엄한 심판의 시간만이 남았습니다.

[2021년 9월 25일]

안보의 근간을 무너뜨려서는 안됩니다

어제 북한 김여정이 문재인 대통령이 유엔에서 제안한 '종전선언'에 대해 입장을 냈습니다. 종전선언의 선결 조건으로 대북 적대시 정책의 철회, 구체적으로 주한미군과 한반도에 전개된 미국 전략자산의 철수, 그리고 한미연합훈련의 중단을 꼽았습니다.

이로써 종전선언에 대한 북한의 입장은 다시 한 번 분명해졌습니다. 그런데 청와대는 북한이 문대통령의 제안에 바로 반응을 보인 것은 긍정적인 것이라고 했습니다.

무엇이 긍정적이라는 말입니까.

김여정이 제시한 대한민국의 안보를 무력화시키겠다는 말도 안되는 조건을 들어주기라도 하겠다는 겁니까.

문재인 정권에 경고합니다.

임기를 8개월 남겨둔 정권이 정권 재창출에 눈이 어두워 대한민국 안보의 근간을 무너뜨릴 수 있는 불장난을 저질러서는 안됩니다.

국민과 역사의 준엄한 심판의 시간이 다가오고 있다는 걸 기억하기 바랍니다. [2021년 9월 25일]

우리 스스로 깨끗하고 당당해야

우리 당 곽상도 의원 아들이 화천대유로부터 50억원을 받았고, 곽 의원도 사실상 시인한 것으로 보도되었습니다.

이 보도가 사실이라면 당 지도부는 당장 곽 의원을 제명 출당 조치하기를 요구합니다. 우리 스스로 깨끗하고 당당해야 문재인 정권과 이재명 지사의 불법과 비리 의혹을 응징할 수 있습니다.

당 지도부는 신속하게 결단하기를 요구합니다.

그리고 이재명 지사는 이 아수라 같은 판국에 대해 진실을 밝힐 것을 요구합니다. 이 지사 말대로 거리낄 것이 없다면 특검이건 국정조사건 다 받아야 합니다. 국민의힘은 누가 연루됐건 어떤 식의 조사건 마다하지 않을 것입니다. [2021년 9월 26일]

이선옥 작가님을 만났습니다

어제 대구 일정 마치고 올라와 이선옥 작가님을 만났습니다.

사회문제가 된 젠더갈등 이면에 어떤 사유가 있었는지를 비롯해 늦은 시간까지 많은 얘기를 나눴습니다. 앞으로 더 많은 2030 청년들의 이야기를 듣고 전문가분들의 자문을 구해 갈등을 그대로 놓아두지 않고 해결할 대안을 제시하는 갈등 해결 대통령이 되겠습니다.

이선옥 작가님은 어느 캠프로부터도 자유로운 전문가십니다. 선물 주신 책 잘 읽고 더 공부하겠습니다.

감사합니다. [2021년 9월 28일]

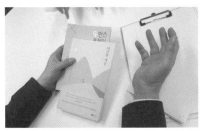

경희대학교 총여학생회가 폐지됐습니다.

경희대학교 총여학생회가 63.45%의 찬성율로 34년 만에 폐지됐습니다. 여학생들만을 대상으로 한 투표 결과여서 더 시사하는 바가 큽니다. 수명을 다한 조직, 아무런 도움이 되지 않는 기구는 당사자조차 거부하는 게 현실입니다.

우리 사회에 이런 조직과 기구가 어디 이 뿐이겠습니까?

제 기능과 역할을 못하고 있는 여성가족부 또한 유승민이 대통령이 되면 반드시 폐지하겠습니다.   [2021년 9월 28일]

이재명 지사님, 이번에는 '통행세'입니까?

기본소득 재원 마련을 두고 말도 안되는 국토보유세 운운하더니, 이번에는 '통행세'입니까?

이재명 지사가 제주도를 방문하는 관광객들에게 1만원씩 거둬서 제주 기본 소득으로 활용하겠다는 황당한 공약을 발표했습니다.

그러면 서울시민 기본소득은 서울 톨게이트나 서울역에서 1만원을 거두고, 전국 광역시·도마다 톨게이트나 역에서 1만원씩 징수해서 기본소득 재원 마련해야 하는 겁니까?

해외에 나가는 것도 아니고 같은 대한민국 안에서 뭐하자는 겁니까? 표를 얻기 위해서라면 뭐든 하는 '이재명' 포퓰리즘의 끝은 어디입니까? 여당 내부에서조차 반대하는 기본소득, 퍼주기는 하고 싶은데 재원은 없고... 그냥 포기하면 깔끔한데 말입니다.

[2021년 9월 28일]

이재명 지사는 말장난 그만 하고
특검과 국정조사를 받아라

대장동 비리 의혹이 쏟아지고 있습니다.

이재명 지사의 최측근들이 연루되고, 이 지사가 직접 설계하고 화천대유에게 인허가를 내주고, 거기 들어가서 돈 번 자들은 여야를 가리지 않는 탐욕스러운 법조계 카르텔인 것이 지금까지 드러난 사실입니다. 그런데 이 지사는 온갖 말장난과 물타기로 빠져나가려고 몸부림치고 있습니다. 각본대로 하루 만에 사업자를 선정하고 측근들 비리 의혹이 쏟아져도 반성은 커녕 언론탓, 야당탓만 하고 있습니다. 이 지사가 대장동 개발사업에서 환수했다고 자랑해온 1,830억원도 저소득층 몫으로 남겨놓았던 임대아파트 부지를 민간에게 판 수익이라고 합니다. 서민들 주거복지를 강탈해놓고 그걸 자랑하는 뻔뻔한 자들이 진짜 도적 아닙니까?

국민들은 묻습니다.

이게 이재명 게이트냐, 국민의힘 게이트냐?

이제 이 지사는 답해야 합니다.

국민의힘은 그 누가 연루됐든 철저하게 조사받고 죄가 있다면 벌을 받겠습니다. 그러니 이 지사와 민주당도 특검과 국정조사를 당장 받아야 합니다. 그것이 민심의 요구입니다.

거리낄 것이 없다면서 왜 피합니까?

이상하지 않습니까?

반드시 특검과 국정조사로 철저하게 밝혀야 합니다. 미국으로 도피한 대장동 키맨 남욱 변호사도 즉시 귀국시켜 조사해야 합니다.

화천대유 게이트의 설계자인 이 지사가 앞으로 보일 행보는 불 보듯 뻔합니다. 자신과 화천대유 일당의 치부를 드러내는 기사가 나올 때마다 물타기를 할 것입니다. 대장동 게이트의 정점에 서서, 마치 부패한 자들이 이렇게나 많은데 자신은 아무 관련도 없고 깨끗하다는 것처럼 말입니다. 법조계와 야당 뿐 아니라 여당에서도 연루자가 쏟아져 나올 것입니다.

아수라의 수괴는 달면 삼키고 쓰면 뱉는 존재이기 때문입니다.

그리고 마지막으로 가장 큰 피해는, 청렴영생을 외치는 자에게 속은 국민이 입을 것입니다.

바로 지금 당장 이 썩은 게이트를 파헤쳐야 하는 이유입니다.

만약 이 지사와 민주당이 특검과 국정조사를 끝내 거부한다면 유승민이 대통령이 되어 이 추악한 게이트에 관련된 모든 불법비리 범죄자들을 전원 싹 쓸어서 감옥에 보내겠습니다.

'화천대유'는 누구 겁니까?　　　　　　　　　　　[2021년 9월 28일]

'성별갈등해결 TF팀'을 설치합니다

문재인 정부가 들어서고 남성혐오, 여성혐오로 대변되는 2030 성별갈등이 폭발 수준에 이르고 있습니다.

2030 세대의 90%가 한목소리로 성별갈등의 심각성을 지적하고 있습니다. 상황이 이렇게까지 악화된 데에는 정치인들의 책임이 큽니다. 그동안 성별갈등의 심각성을 외면하거나 정치적 유불리에 따라 땜질식 처방, 인기영합주의 발언만 쏟아낼 뿐이었습니다. 성별갈등 문제는 한쪽에 양보를 강요한다거나, 그냥 놔두면 알아서 해결될 거라는 태도로 접근해서는 아무런 진전을 기대할 수 없습니다.

이에 유승민 희망캠프에서는 '성별갈등해결 TF팀'을 설치해 2030

세대와 적극적으로 소통하고, 이선옥 작가님께 자문을 구한 것처럼 많은 전문가분들의 의견을 수렴하여 갈등 해결 방안을 마련하고자 합니다.

성별갈등해결 TF팀 구성은 홍준연 의원(팀장 / 대구광역시 중구의회), 오명근 변호사, 권희영 변호사, 이효원 대변인, 최웅주 대변인으로 출발합니다. 미래사회의 주역인 2030의 입장에서 고민하고 정책 마련하는 갈등 해결 대통령이 되겠습니다.

많은 관심과 성원을 부탁드립니다.　　　　　　　　[2021년 9월 29일]

이재명 지사님, 남의 당에 신경 *끄시고*
'이재명 게이트' 특검·국정조사나 받으시지요

대장동 비리의혹의 설계자, 인허가권자이신 이재명 지사께서 국민의힘 이준석 대표와 김기현 원내대표에게 물러나라고 시비를 걸고 있습니다. 이 모든 비리 의혹의 중심에 계신 주인공이 우리 당 지도부를 '억까'할 때입니까. 그렇게 깨끗하고 당당한 분이 왜 특검·국정조사 받겠다는 한마디를 못하세요? 국민들은 꿰뚫어 보고 계십니다.

화천대유는 누구 겁니까?   [2021년 9월 29일]

서울경제

이재명 "이준석은 권고사직, 김기현은 남쪽 섬에 가둬야"

입력 2021.09.29. 오후 12:05

 박진용 기자 >

146   💬 106

개발이익 환수제도 토론회서 국민의힘 작심 비판
"김기현, 위리안치(가시로 울타리를 만들고 가두는 형벌) 해야"

한-일 관계에 있어서 새로운 전기가 되기를
기대합니다.

    기시다 후미오 총리가 이끌 일본의 새 내각 출범이 한-일 관계에 있어서 새로운 전기가 되기를 기대합니다.

    지금 한-일 관계는 최악의 상태입니다. 기시다 신임 총리는 그동안 한-일간 현안들을 많이 다루어 본 경력을 갖고 있습니다. 왜 한-일 관계가 최악의 상태에 처하게 되었는지, 이 난관을 극복하기 위해서는 어떻게 해야 할지, 특히 과거사 문제에 대한 한일 양국의 입장 차이와 우리 국민들의 정서를 잘 파악하고 있을 것으로 생각합니다.

    한반도 주변 정세는 급변하고 있고, 그만큼 한-일 양국이 협력해야 할 사안들도 많아지고 있습니다. 한-일 양국 관계가 생산적이고 미래지향적 관계로 발전해 나가기 위해서는 과거사 문제의 원만한 해결이 반드시 필요한 상황입니다.

    한-일 간 현안을 잘 아는 새 일본 총리의 취임에 즈음하여 한-일 관계의 획기적 개선을 위한 새로운 사고와 접근법을 기대해 봅니다.

    우리 정부도 최악의 한-일 관계라는 부담이 다음 정부로까지 넘어가지 않도록 남은 기간 동안 한-일 관계 개선을 위해 힘써야 할 것입니다.

[2021년 9월 29일]

서민들 대출은 막고 예탁원은 0%대 주택대출?

문재인 정부가 미친 집값, 미친 전월세를 만들어놓고 주택대출을 조이고 있어 중산층 서민들은 큰 고통을 받고 있습니다.

입주를 앞두고 있는데 은행들이 대출을 축소하고 있어 잔금을 마련할 수 있을지 전전긍긍하고 있는 분들도 많습니다.

거기에다가 금리마저 올라 어지간한 대출은 3% 정도입니다.

그런데 연봉 1위, 신의 직장이라고 불리는 한국예탁결제원은 직원들에게 0%대 주택대출을 해주고 있다고 합니다.

예탁원은 독점업무로 돈을 버는 공기업인데 해도 해도 너무하지 않습니까?

유승민 정부에서는 공무원, 공기업들은 특권을 누리고 국민들은 고통받아야 하는 일이 없도록 공공부문을 개혁하겠습니다.

그리고 근본적으로는 문재인 정부가 올린 집값, 되돌려 놓겠습니다! 경제대통령 유승민만이 할 수 있습니다.

[2021년 9월 30일]

이재명 지사님! 이런데도
대장동게이트가 '모범 공익사업'입니까?

대장동 개발 과정에서 성남도시개발공사 관계자에게 10억원대의 금품이 전달된 정황이 파악됐다고 합니다. 이로써 대장동 사건이 뇌물과 특혜가 판을 친 '비리 게이트'였다는 증거가 드러난 셈입니다.

'단군이래 최대 공익 환수사업', '전국 지자체에서 배워야 할 모범 공익사업'이라고 했던 이지사의 뻔뻔한 대국민 사기극 역시 곧 막을 내리게 될 것입니다.

이재명 지사의 핵심 측근인 유동규 전 성남도시개발공사 사장 직무대행은 압수수색을 당하자 휴대폰을 창밖으로 던졌다고 합니다.

이재명 지사에게 묻습니다.

이지사 본인이 설계한 대장동 개발을 진두지휘한 유동규씨가 뭐가 두려워서 휴대폰을 던져 증거인멸을 시도했을까요?

모범공익사업인데 왜 그 수많은 검사 출신 변호사들과 대법관 출신 고문까지 필요했습니까?

이러고도 단군 이래 가장 모범적인 공익사업이라고 할 수 있습니까? 부끄러움은 느낍니까?

분노한 심판의 쓰나미에 떠내려가기 전에 특검과 국정조사를 받고 국민 앞에 진실을 밝히고 사죄하기 바랍니다.　　　[2021년 9월 30일]

북한의 '통신선' 간보기에 왜 절절 매나?

김정은이 다음달 초 남북통신연락선을 복원하겠다는 의사를 밝혔다고 합니다.

통신연락선이 뭡니까? 전화통화하는 수단 아닙니까?

북한은 이 전화선 연결을 놓고 대단한 선심이라도 쓰는 것처럼 쇼를 합니다. 수 틀리면 김여정이 언제든 별별 구실을 찾아 끊어버립니다.

통신선 하나 연결하겠다고 하자 호들갑을 떠는 청와대, 정부, 민주당의 모습은 정상이 아닙니다.

그러니까 북한은 더 신이 나서 아무 것도 아닌 통신선 갖고 장난을 칩니다.

북한이 왜 통신선을 들고 간보기를 하며 쇼타임을 시작했는지는 보려고도 하지 않습니다.

대북 사대주의, 굴종주의가 몸에 밴 사람들입니다.

이미 철저하게 실패한 문재인 대통령의 대북정책이 임기를 몇달 앞두고 달라질 리가 없습니다. 쇼를 해봤자 통하지 않습니다.

유승민이 대통령이 되면 북한에 질질 끌려다니며 핵 인질이 되는 대북정책은 폐기합니다.

유승민은 당당한 대북정책과 국방정책을 펼 것입니다.

[2021년 9월 30일]

공부왕찐천재 홍진경

　지난번 인스타 라방에서 약속했던 홍진경씨의 유튜브채널 '공부왕
찐천재 홍진경'에 얼마전 녹화를 마치고 오늘 그 영상이 공개되었습
니다.

　재미있게 봐주시면 감사하겠습니다.^^

[2021년 9월 30일]

정부는 불공정한 코인 과세를 당장 멈춰야 합니다!

문재인 정부와 민주당이 내년 1월 1일부터 코인(가상화폐)에 대한 과세를 시작한다고 합니다.

임기 내내 퍼주기식 정책으로 일관하더니, 이제는 2030세대의 주머니까지 급하게 털어가야 할 정도로 재정형편이 어려워진 모양입니다. 소득이 있는 곳에는 세금도 있다고 주장하지만, 국가가 국민의 재산을 제대로 보호하지도 못하면서 세금만 받아가는 것은 염치 없는 짓입니다. 우리나라에는 코인에 관한 법률이 없습니다. 즉, 코인에 대해 준비된 과세 시스템도 없고 그에 따라 보호장치도 없습니다.

그럼에도 불구하고 이미 떼돈을 벌어들인 거래소나 거액투자자들은 내버려두고 소액투자자 주머니만 털겠다는 겁니까? 또한 주식과 비교할 때 과세 형평이 맞지 않습니다.

국내주식은 현재 보유액 10억원까지 비과세이고, 2023년부터는 양도소득 5,000만원까지는 비과세하는 것으로 되어 있습니다. 그런데 코인은 250만원까지만 비과세하고 당장 내년부터 과세한다는 것입니다. 이건 공정하지 않습니다. 왜 청년들이 몰려 있는 코인에만 더 무거운 세금을 거두어야 합니까?

2030 청년들을 코인시장으로 내몬 것은 다름 아닌 문재인정부와 민주당입니다.

문재인 정부가 만든 미친 집값 때문에 부동산 시장은 더 이상 청년들이 진입할 수 없는 기성세대들만의 기득권으로 전락했기 때문입니다. 좋은 일자리는 기성세대가 꿰차고 있고, 그나마 일자리도 부족해 코인으로라도 격차를 줄여보고 싶기 때문입니다.

　코인에 대한 법률도, 제대로 된 가이드라인도 없이 당장 청년들 주머니부터 털겠다는 과세 방침을 철회해야 합니다. 과세시스템이 제대로 구축되고 주식과의 과세형평성을 맞추는 것이 먼저입니다.

[2021년 9월 30일]

이재명 재판 관련 권순일의 사후뇌물수수 의혹,
당장 수사하라

동아일보에 따르면 화천대유의 대수주 김만배가 지난해 이재명 시사 사건의 대법원 판결을 전후하여 권순일 대법관을 대법원에서 8회나 만났다고 합니다. 권순일 대법관은 이 지사 사건의 무죄 판결을 주도하고 퇴임후 화천대유의 고문으로 거액의 돈을 챙긴 사람입니다.

그냥 법관도 아닌 대법관이, 그것도 대법원에서 업자를 여덟 번이나 만나다니...

대법관이 아무나 불쑥 찾아가면 만날 수 있는 사람입니까?

이 나라가 썩어도 너무 썩은 것 아닙니까?

이거야말로 사후뇌물수수, 독직뇌물수수 혐의가 너무나 분명하지 않습니까?

공수처는 당장 권순일 전 대법관과 김만배를 수사해야 합니다.

만약 권순일 대법관이 김만배의 뇌물 로비를 받고 이 지사의 무죄를 주도했다면, 이 지사 사건은 당연히 재심에 회부되어야 하며, 이 지사는 후보 자격도 없습니다.

김만배의 화천대유, 그 검은 돈에 놀아난 이 나라의 검사, 판사 출신의 변호사들, 그들에게 법의 추상같은 무서움을 반드시 맛보게 해서 정의를 세워야 합니다.

[2021년 9월 30일]

북한의 미사일 도발, 혹시나는 역시나였다

북한이 어제 또 미사일을 발사했습니다.

이번에는 신형 반항공(지대공)미사일로 9월에만 벌써 네 번째 도발입니다. 문재인 대통령이 제76차 유엔총회에서 종전선언을 언급한 이후 북한 김정은, 김여정 두 남매는 연일 '불공평한 이중기준 철폐', '적대시 정책 중단' 등의 조건을 내세우며 미사일 도발을 감행하고 있습니다.

자신들은 장거리순항미사일, 열차형 탄도미사일, 극초음미사일, 반항공미사일 등 미사일 개발에 열을 올리면서 우리에게는 하지 말라니요, 이 얼마나 이율배반적 사고입니까? 게다가 이제는 '도발'이란 표현마저 쓰지 말라면서 말입니다.

문재인 대통령님, 제발 정신 좀 차리십시오. "종전선언은 괜찮다", "남북통신선을 연결해 주겠다"는 것이 북한의 전형적인 화전양면전술인 것을 모르는 겁니까? 아니면 알면서도 모른 척하는 겁니까?

그리고 저, 유승민. 국민의 한 사람으로서 대통령께 묻겠습니다.

왜 우리 국민은 북한의 발표를 통해서 그들의 미사일 개발을 확인해야 하는지, 왜 우리 정부는 북한 눈치를 보느라 북한의 미사일 발사를 선택적으로 공개하는지, 밝혀주십시오.　　[2021년 10월 1일]

피로써 지킨 대한민국을
더 이상 위태롭지 않게 만들겠습니다

제73주년 국군의 날입니다.

우리의 군과 장병들이 없었다면 지금의 대한민국은 없었을 것입니다. 국가와 국민을 위해 기꺼이 목숨을 던질 수 있는 희생은 그 어떠한 것보다 숭고합니다.

그러한 의미에서 불철주야 하늘과 바다, 산간벽지에서 대한민국 수호를 위해 젊은 날을 바쳐 희생하는 장병 여러분께 무한한 경의를 표합니다. 안타깝게도 문재인 정부 5년 동안 우리 군은 만신창이가 됐습니다. 진전 없는 평화쇼로 안보를 무장해제시키고 군기강마저 추락시켰습니다. 한미동맹이 흔들거리는 것은 물론 굴종적인 대북자세로 호국영령들의 명예에 먹칠을 했습니다.

피로써 지킨 대한민국을 더 이상 위태롭지 않게 만들겠습니다.

안보에 강한 대통령이 되어 실추된 군의 명예를 회복하고 한미동맹강화, 확실한 대북주도권을 확보하겠습니다.

제74주년 국군의 날 기념식은 북한이 보란 듯이 광화문에서 가장 화려하고 성대하게 치르겠습니다.　　　　　　[2021년 10월 1일]

조수진 최고위원은 50억원에 대한
국민의 분노가 안들리는가?

'상도수호'를 두고 왜 당 지도부가 분열을 보이는지 이해가 안됩니다. 50억원 때문에 2030 세대가 우리 당에 대한 지지를 철회하고 국민이 분노하는 목소리가 들리지 않습니까?

최고위원이라는 사람이 이런 명백한 문제를 두고 딴소리를 하다니… 이러고도 대선 승리를 할 수 있다고 보십니까?

곽상도 의원 아들이 아니었더라도 화천대유에 취직을 하고 50억원을 받았을까요?

분명히 합시다.

상도수호, 부패검사수호, 부패대법관수호… 이런 부패비호는 국민의힘에 있을 수 없습니다. 문재인 정권, 이재명 지사에 맞서 이기려면 우리부터 깨끗하고 당당해야 합니다. 명분도 없는 일로 걸핏하면 당대표를 흔드는 행위는 흔들기를 위한 흔들기입니다.

분명히 경고합니다.

상도수호 그만 두세요.   [2021년 10월 1일]

들러리 세우지 말고 마린온 헬기 추락사고의
책임을 규명하라

국군의날 행사를 영일반 마라도함에서 하면서 문재인 대통령은 3년전 마린온 헬기 추락사고 유족들을 초청했으나 故 박재우 병장 유가족들은 참석을 거부했다고 합니다.

사고 3년이 지났지만 마린온 헬기 추락사고는 아무도 책임지지 않았습니다. 헬기를 제작한 KAI의 사장은 그 후 청와대 민정수석이 되었고 검찰수사 결과는 '아무도 책임 없음'이었습니다.

다섯 해병의 소중한 목숨을 앗아간 사고에 아무도 책임지지 않으면서 국군의날 행사에 들러리를 서라는 것은 참으로 무책임한 처사입니다. 유승민 정부에서는 마린온 헬기 추락사고를 원점에서 재조사해서 반드시 책임을 밝히고 다시는 이런 비극이 없도록 하겠습니다.

[2021년 10월 1일]

제25회 노인의 날을 진심으로 축하드립니다

우리 어르신들의 삶은 희생과 헌신의 표상입니다. 젊음을 바쳐 가정을 지키고 사회와 국가의 발전을 이끈 주인공들이십니다.

우리가 선진국에 반열에 오르고 세계에서 손에 꼽히는 경제, 군사 대국이 된 것 역시 어르신들의 노고가 있었기에 가능했습니다. 하지만 안타깝게도 해마다 독거노인은 증가하고, 노인 고독사는 2017년 835명에서 2020년 1,385명으로 지난 4년간 65%나 증가했습니다.

어르신들에 대한 국가의 역할이 너무도 아쉬운 대목입니다. 설상가상으로 코로나19가 국민의 삶을 송두리째 흔들고 있습니다.

부동산 가격을 폭등시킨 무능한 정권이 세금폭탄까지 던지고 있어

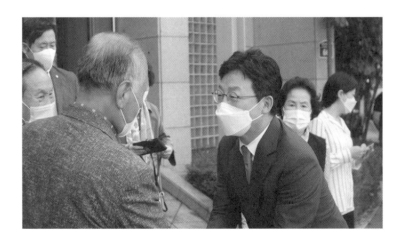

은퇴 후 수입이 없는 어르신들의 고통은 더욱 커져만 갑니다.

유승민은 이 모든 걸 되돌려 놓겠습니다.

또 어르신들을 위해 제대로 된 노후정책을 마련하겠습니다.

걱정 없는 노후를 지낼 수 있도록 복지·의료·연금 체계를 재정비하겠습니다

선대가 후대를 걱정하지 않는 세상, 국가를 위해 희생한 노고가 빛바래지 않는 세상을 만들어 가겠습니다.

다시 한 번 노인의 날을 축하드리며 기쁘고 행복한 날 되시기를 바랍니다.

[2021년 10월 2일]

깨끗하고 당당한 모습으로

곽상도 의원의 사퇴 결단 소식을 듣고, 비판의 목소리를 냈던 사람으로서 인간적으로 미안합니다.

곽 의원님의 결단으로 우리 당은 더 깨끗하고 당당한 모습으로 이재명 '대장동 게이트'의 진실을 밝힐 것입니다. 유승민은 저 무도한 문재인, 민주당 정권을 이기고 반드시 정권교체를 해낼 것을 약속드립니다.

민주당에 경고합니다. 더 이상 특검과 국정조사를 거부하면 민심이 준엄하게 심판할 것입니다. [2021년 10월 2일]

계산성당에서

대구경북 가톨릭의 상징인 계산성당에서 방금 미사를 드렸습니다. 대한민국을 위해 기도했습니다. 성당 문을 나서며 청명한 하늘을 보니, 새삼 가을이 곁에 와있음을 느낍니다.　　　　[2021년 10월 3일]

국민이 돼지로 보입니까?

이재명 지사가 연일 폭주하더니 이제는 국민들을 향해 돼지라고 합니다. "돼지 눈에는 돼지만 보인다?"

대장동 화천대유 게이트로 이재명을 의심하는 국민은 모두 돼지라는 겁니다. 수많은 중도층, 무당층 뿐만 아니라 민주당내 이재명의 대장동 게이트를 의심하는 이들도 모두 돼지라는 말입니까?

조국의 가재, 붕어, 개구리에 이어서 이제 이재명 지사는 국민을 돼지 취급하겠다는 것 아닙니까? 그렇게 부끄러움이 없고 정말 잘못도 없다면 특검 수사를 받으십시오.

국정조사도, 특검도 모두 피하려고만 하면서 입으로만 당당합니까? 어차피 너희 가붕개는 다들 속아 넘어갈 테고, 너희 돼지들은 진실을 알 필요가 없다는 뜻입니까? [2021년 10월 4일]

이재명 지사님 눈에는 대장동 원주민들도
'돼지'로 보입니까?

　　대장동 개발 과정에서 토시를 수용당했던 대장동 원주민들이 화천대유 비리를 보고 헐값에 땅을 빼앗긴 것이 억울하고 분통이 터져 억장이 무너지고 있다고 합니다.

　　돼지 눈에는 돼지만 보인다는 이재명 지사님,

　　지사님 눈에는 이 분들도 모두 '돼지'로 보입니까?

　　이 엄청난 부패 게이트를 설계하고 인허가 내준 이재명 후보 본인이 돼지 아닙니까?　　　　　　　　　　　　　　　[2021년 10월 4일]

MBN

대장동 원주민들 분통 "우리한테 헐값에 사서 자기들 배만 불려"

입력 2021.10.03. 오후 6:00 · 수정 2021.10.03. 오후 6:07

😠 35　　💬 13　　　　🤖　🔊　가가　↗

대장지구 판교 SK뷰 테라스, 평당 평균 분양가
3440만원으로 최고가 경신
원주민들 "보상금으로 통상 1억 받았는데 이주
자 택지 분양가에 크게 못미쳐"
지난달 30일 성남의뜰 상대로 소송했지만 패소

여러분들의 희망을 보며 원기백배 하였습니다

모든 권력은 국민들에게서 나옵니다. 그리고 권력은 오로지 국민들을 위하여 사용되어야 합니다.

하지만 지금 대한민국은 권력을 사유화하여 자신들의 배만 채우려하는 탐욕스러운 자들이 국민들을 기만하고, 여론을 호도하고 있습니다. 저 유승민, 2박 3일간의 대구경북 일정 동안 새로운 대한민국을 바라는 여러분들의 희망을 보며 원기백배 하였습니다.

깨끗하고 당당한 유승민을 고향 분들이 지지해 주신다면 대한민국을 망치고 있는 탐욕과 부패를 몰아내고 잘사는 나라, 강한 대한민국을 만들겠습니다.   [2021년 10월 5일]

후안무치한 윤미향은 당장 사퇴하라

윤미향 의원의 파렴치한 범죄행위가 담긴 공소장이 공개됐습니다. 심각한 도덕적 해이는 그야말로 충격적이었습니다.

위안부 피해자 할머니를 위해 모금된 소중한 성금은 마사지숍, 고 깃집, 식료품점 등에서 사용됐습니다. 사용처를 알 수 없는 금액이 윤 의원의 딸에게 송금되는가 하면 자신의 의료비, 과태료 납부에까지 쓰였습니다. 이렇게 사용된 금액이 1억 여원이나 됩니다.

인면수심의 윤미향 의원이 국민을 대표하는 국회의원이라는 게 가당키나 합니까? 이런 자를 민주당 대표는 "언론의 왜곡 보도", "극우파의 악용 대상"이라며 두둔하고, 의원직을 유지할 수 있도록 출당조치만 취했습니다. 문재인 정권하의 사법부는 윤 의원 사건을 11개월을 끌어오며 1심 재판도 끝내지 않고 있습니다. 천인공노할 파렴치범의 의원직 유지를 돕고 있는 사법부의 직무유기를 비판하지 않을 수 없습니다. 윤미향 의원에게 강력히 요구합니다. 당신이 국회에 있다는 것만으로도 위안부 피해 할머니들에 대한 모독입니다. 이제 그만 석고대죄하시고 자진 사퇴하십시오. 만약 사퇴하지 않는다면 국민의힘은 국회의원 제명 절차에 들어가겠습니다. 180석을 가지고 있는 민주당이 어떻게 나올지는 온 국민이 지켜볼 것입니다. 민심이 민주당을 심판할 것입니다. [2021년 10월 5일]

성별에 따른 어떤 차별도, 특혜도 없는
공정한 나라를 만들겠습니다

1. 성별할당제를 폐지하겠습니다.

① 5, 7, 8, 9급 공무원 채용시험의 양성평등채용목표제를 폐지하 겠습니다.

② 정치, 경찰 등의 성별할당제는 합당한 존재의 이유가 없는 것부 터 단계적으로 폐지하겠습니다.

2. 여성가족부를 반드시 폐지하겠습니다.

3. 특정 성별 단체에 대해 방만하게 지급된 정부 예산과 보조금을 폐지하겠습 니다.

4. 국방의 의무를 성별 차별 없이 공동 분담하는 사회를 만들겠습니다.

① 인구구조 변화로 인한 병역자원 감소, 전쟁 양상 변화 등에 따 라 여성징병제 필요성도 논의되고 있는 만큼, '병역구조개편 공 론화 위원회'를 설치하여 어느 한 쪽에 치우치지 않는 병역제도 를 만들겠습니다.

② 국방의 의무를 공동 분담하게 될 경우, 군 가산점 제도를 신설 하여 특정 성별 차별 없이 공정하게 대우받도록 하겠습니다.

5. 동일 업무에는 '동일 기준'이 적용되는 공정한 나라를 만들겠습니다.

경찰관 등 체력 요건이 국민보호에 필수적인 업무의 경우 등은 '동 일 업무, 동일 기준'을 원칙으로 채용하도록 하겠습니다.

6. 성범죄 처벌 강화와 동시에 남성을 잠재적 가해자로 보는 차별을 없애겠습니다.

① 성범죄(불법촬영, 데이트폭력, 성폭행 등)에 대한 처벌을 강화하겠습니다.

② '유죄추정 성범죄 재판'이라는 비판이 있는 만큼, 억울한 성범죄자로 낙인되지 않도록 무고죄 수사유예 지침을 폐지하겠습니다.

[2021년 10월 5일]

문재인 대통령은 오로지 '북한 바라기'입니까?

문재인 대통령이 제15회 세계 한인의 날 기념사에서 또 다시 대북 메시지를 쏟아냈습니다.

북한이 핵개발로 남북을 극한의 긴장과 불안에 몰아넣고 국제사회의 제재와 우려가 지속되는 것이 현실인데 "남북이 대립할 이유가 없다"는 게 대통령이 할 말입니까?

서해상에서 우리 국민을 사살 후 불태우고, 지난 9월에만 4차례나 무력도발을 감행한 북한을 두고 사과를 받아내지는 못할망정 뭐가 아쉬워서 북한에 저자세를 취하는지 납득할 수 없습니다.

"체제 경쟁은 더 이상 의미가 없다", "함께 번영하는 것이 중요하다"는 발언에 대해 묻겠습니다.

문 대통령은 자유민주주의를 말살하려는 북한의 독재 세습체제가 아무런 문제가 없다고 생각합니까? 국가적 자존심을 내팽개치고, 상처난 민심을 대변하기는 커녕 굴욕적인 평화무드에만 목을 매는 지도자가 대한민국의 대통령이라는 현실이 부끄러울 따름입니다.

대선을 앞두고 정상회담 유치를 위한 립서스비라면 당장 그만두십시오. 국민들은 더 이상 문재인 정권의 평화쇼에 속지 않습니다.

[2021년 10월 5일]

국민의힘 제2차 컷오프경선 투표안내

10월 6일(수)부터 10월 7일(목)까지 2일간 국민의힘 제20대 내동령후보자 선출을 위한 투표가 진행됩니다.

본선에 강한 후보! 유승민에게 투표하시고, 정권교체의 꿈! 반드시 이루어냅시다!　　　　　　　　　　　　　　　　[2021년 10월 5일]

대장동 설계자 이재명 지사의 대응이 애처롭습니다

　선거법 위반으로 다 죽은 이재명 지사의 관뚜껑을 열어준 권순일 전 대법관과, 박근혜 전 대통령에게 징역 45년을 구형한 박영수 특검을 '국민의힘 오적'이라고 합니다.

　이러다 성남시장은 이재명이 아니었다고 하는 건 아닌지 모르겠습니다. 두꺼운 얼굴로 입만 열면 국민에게 거짓말을 일삼는 사람이 대한민국 대통령이 되면 이 나라가 어찌 되겠습니까.　[2021년 10월 6일]

말만 하면 궤변, 진실을 숨기는 자들의
전형적인 모습이다

대장동 설계자 이재명 지사의 변명이 늘어갈수록 궤변도 쏟아지고 있습니다. 어제 유튜브에 출연한 이 지사는 대장동 사업자 선정 특혜 의혹, 초과이익 환수 묵살 의혹이 제기된 상황에서 오히려 "도둑들로부터 빼앗아 오는 설계를 했다"는 황당무계한 발언을 했습니다.

애초부터 '도둑'이 들어올거라고 생각하고 설계했다는 게 말이 됩니까? 도둑을 들어오도록 문빗장을 열어두고는 장물을 일부 뺏었다고 자랑하면 그게 공범이 아니고 무엇이란 말입니까?

유동규 측근 문제도 마찬가지입니다.

이 지사는 "측근이냐 아니냐를 떠나 저와 가까이 있었던 게 분명하다"는 어이없는 말을 했습니다.

'가까이 있던 게 분명한' 사람이 '측근'이 아니면 무엇입니까?

국민을 대체 얼마나 우습게 보면 이런 말장난을 합니까?

어떻게든 유동규와의 관련성을 지우려는 처절한 몸부림이 눈물겨울 뿐입니다. 이 지사는 뻔뻔한 거짓말로 오늘만 버텨보자는 생각을 포기하고 국민 앞에 진실을 밝히십시오.　　　　　[2021년 10월 7일]

홍준표 후보님, 실현 가능한 정책공약으로 경쟁합시다

홍준표 후보님께서 주식시장 공매도 제도를 폐지하겠다고 합니다. 그 취지는 충분히 이해하고 백번 공감합니다.

그럼에도 불구하고 이 화끈한 공매도 금지를 실시하지 못하는 이유가 있습니다. 자본시장이 완전히 개방된 상황에서 우리나라만 주식 공매도를 전면 금지하면 우리 증시는 국제적으로 고립되고 맙니다. 외국인들이 떠나고 주식시장이 더 나빠지면 개미들 피해는 더 커지는데, 그 책임은 누가 지겠습니까.

저는 주식시장에 일정한 상황이 발생할 경우 공매도를 자동으로 금지할 수 있는 차단장치(일종의 서킷 브레이커, circuit breaker)를 도입하여 개인투자자의 피해를 방지하도록 하겠습니다.

그리고 불법 공매도, 무차입 공매도를 끝까지 추적해서 처벌을 대폭 강화하겠습니다.

개인과 기관 사이에 존재하는 정보의 격차를 줄여서 개인이 기관에 비해 공매도에서 불리한 측면을 없애도록 공시제도를 개선하고, 사적 이익을 위한 거짓공시는 처벌을 강화하겠습니다.

홍 후보님, 경제와 금융 정책은 단순하고 화끈하다고 좋은 게 아닙니다. 복잡한 국내외 현실에서 무엇이 최선인지 더 깊은 고민이 필요하지 않겠습니까. [2021년 10월 7일]

국민의힘 대선 경선 2차 컷오프 결과가 나왔습니다.

저를 4강 후보로 선택해주신 국민 여러분, 당원 동지 여러분께 진심으로 감사드립니다.

아쉽지만 최선을 다해 경쟁해주신 안상수, 최재형, 하태경, 황교안 후보님 정말 수고 많으셨습니다. 우리 당이 정권교체의 희망의 불씨를 볼 수 있었던 것은 경선에 참여해주신 훌륭한 후보님들이 계셨기 때문입니다. 네 분의 후보님들께서 밝혀주신 대한민국의 미래를 위한 꿈과 비전, 미력하지만 제가 이어가겠습니다. 후보님들의 열정과 헌신이 헛되지 않도록 치열하고 멋진 승부를 펼치겠습니다. 저와 함께 최종 경선에 오른 원희룡, 윤석열, 홍준표 후보님께는 축하의 말씀 드립니다.

이제 정권 교체를 위한 최종 선택의 시간이 다가오고 있습니다. 오늘자 보도를 보면 국민의힘 유력 주자들이 민주당 이재명 지사를 이길 수 없다고 나왔습니다. 우물안에서는 강해 보이지만 치열한 전쟁터로 나가면 속수무책입니다.

선수교체가 필요합니다. 고평가된 거품주로는 간교하고 뻔뻔한 이재명 지사를 이길 수 없습니다. 의혹과 문제점 투성이 후보로는 절대 불가능합니다. 탄탄한 우량주, 도덕성과 정책 능력에 있어 절대 우위에 있는 저 유승민이 유일한 해답입니다.

냉정하고 객관적으로 평가해주십시오. 대한민국의 안보를 굳건하게 지키고 경제를 살릴 수 있는 후보, 불안하지 않은 후보는 유승민이 유일합니다.

　　본선에서 민주당 이재명과 싸워 이길 후보를 뽑아주십시오. 누가 경제에 강한지, 누가 안보에 강한지, 누가 민주당에 강한지 평가해주십시오. 최선을 다해 국민 여러분에게 쓰임을 받겠습니다. 마지막까지 뜨거운 성원을 부탁드립니다. 감사합니다.

[2021년 10월 8일]

존경하고 사랑하는 당원 동지 여러분,
최종 선택은 유승민입니다

존경하는 당원 동지 여러분!

동지 여러분의 뜨거운 지지와 성원에 깊이 감사드립니다.

함께 결선에 오르지 못한 네 분의 후보님들께 따뜻한 위로의 말씀을 드립니다. 그리고 함께 최종 경선에 오른 세 분께 축하의 말씀을 드리고 공정하고 치열한 경선을 치를 것을 약속드립니다.

이제 11월 5일 최종 결선을 28일 앞두고 있습니다.

과연 네 사람 중 어느 후보가 국민의힘 대선후보가 되어야 대선승리와 정권교체를 할 수 있느냐?

당원 동지 여러분의 선택에 대한민국과 우리 당의 운명이 달려 있습니다. 내년 3월 9일 대선은 1-2%로 승부가 결정되는 매우 어려운 선거가 될 것입니다. 이재명을 이기고 정권교체에 성공하려면 비슷비슷한 후보가 아닌 능력과 품격, 도덕성에서 압도적으로 월등한 후보가 필요합니다. 경선 과정을 통해 유승민이 강하다는 것이 입증되고 있습니다. 경제와 안보에 강하고, TV토론에서 이재명을 압도할 수 있고, 이재명과 싸워서 확실하게 이기는 후보입니다.

바닥민심이 움직이고 있습니다.

꼭 기억해주십시오.

이재명과 맞붙어 이길 후보는 유승민입니다.

이재명을 이기는 유승민을 선택해주십시오.

무서운 상승세를 이어가서 반드시 당원 동지 여러분께서 간절히 원하시는 정권을 반드시 되찾아오겠습니다.

국민의힘 대통령 예비후보

유승민 올림　　　　　　　　　　　　　　　　[2021년 10월 8일]

재난지원금은 100% 주겠다고 싸우더니
자영업자 손실보상 기준은 왜 80%인가요?

정부가 또 엉터리 자영업자 손실보상 기준을 발표했습니다.

국민이 정부자산을 손괴하면 100% 보상을 받아가면서 정부는 왜 국민에게 80%만 보상한다는 겁니까?

이것은 '재난지원금'이 아닙니다. '손실보상'입니다.

정부는 발생한 손실에 대해 100% 보상해야 합니다.

또한 손실규모 측정을 '매출'로만 해서는 안됩니다.

매출에서 매입을 제외해야 실제 손해액입니다. 매입액의 파악이 가능한 자영업자 소상공인에 대해서는 반드시 매입액을 고려해야 합니다. 또 매달 나가는 필수적인 고정비용이 누락되면 안됩니다.

손실보상 지급 기준에 임차료, 인건비만 반영되고 공과금, 사회보험료와 같은 필수적인 고정비용이 제외되면 보상금액은 줄어들 수밖에 없습니다. 영업정지나 영업시간 제한만 보상하면 안되고 예식장, 회의시설 등 인원 제한으로 인한 피해도 보상해야 합니다.

문재인정부와 민주당에 강력히 요구합니다.

손실보상 기준을 100%로 확대하고, 실제 손해액이 면밀하게 파악되도록 제도를 보완해야 합니다. 정부 재정을 어디에 써야 가장 힘든 분들을 다시 일어서게 할 수 있는지 철학이 없는 문재인 정부의 판단이 이런 엉터리 같은 손실보상 기준을 만든 겁니다. 유승민은 자영업자와 소상공인 소실보상을 위한 예산 마련에 적극 나설 것입니다.

그리고 대통령이 되면 7월 이전의 손실보상도 반드시 하겠다는 약속을 거듭 드립니다. [2021년 10월 10일]

판단 기준은 단 하나! 누가 이재명을 꺾을 것인가?
오직 유승민입니다!

선택의 시간이 다가오고 있습니다.

유일한 판단 기준은 누가 이재명을 꺾을 수 있는가 입니다.

내가 지금 지지하는 후보가 되는게 중요한가? 아니면 이재명을 꺾을 능력 있는 후보를 뽑는 것이 중요한가? 합리적으로 판단하셔야 할 시점입니다.

대선은 전 국민을 대상으로 하는 선거입니다.

유승민이 무서운 기세로 올라오고 있습니다.

이재명에게 가장 무서운 상대는 유승민입니다.

TV토론에서 이재명의 논리를 박살낼 수 있고, 이재명의 기본소득 시리즈가 말도 안되는 대국민사기임을 명쾌하게 보여드려서 쏙 들어가게 만들었고, 대장동이 이재명 게이트임을 파헤칠 수 있고, 모든 분야에서 이재명과 정책 승부가 가능한 후보, 이재명보다 훨씬 더 깨끗하고 당당한 후보는 오직 유승민뿐입니다.

유일하게 중도층에서 호불호 없이 인정받는 후보, 아무런 의혹이나 비리가 없어 본선에서 흠 잡힐 것이 없는 후보, 모든 정책 분야에서 막힘이 없는 논리를 갖춘 후보는 유승민뿐입니다.

이재명이 대통령인 대한민국이냐, 유승민이 대통령인 대한민국이냐 그것만 생각해 주십시오.

유승민은 경제를 다시 살려내고 일자리를 만들어낼 것입니다.

미친 집값, 미친 전월세를 되돌려 놓을 것입니다.

성별 차별이 없는 나라, 의무복무를 다한 군인이 제대로 예우받는 나라를 만들 것입니다. 다시 가슴이 뛰고 희망을 가질 수 있는 민주공화국 대한민국을 만들 것입니다.

유승민이 힘차게 올라오고 있습니다.

유승민이 이재명을 확실히 이깁니다.

이제 유승민의 손을 잡으셔야 합니다!   [2021년 10월 10일]

이재명 후보가 민주당 후보가 되었습니다

축하합니다.

그러나 후보가 되었다고 대장동 게이트를 덮을 수는 없습니다.

그렇게 떳떳하다면 특검과 국정조사를 빨리 합시다.

3차 선거인단 투표에서 62% 대 28%로 압승하고도 불과 0.29% 차이로 결선투표가 무산된 이낙연 후보께 위로의 말씀을 전합니다.

이제 우리 당의 선택만 남았습니다.

누가 이재명을 이길 후보냐?

이재명이 가장 두려워 하는 후보, 유승민이 이재명을 확실하게 이깁니다!

[2021년 10월 10일]

민심의 판단… 특검부터 받으라

민주당 경선 3차 선거인단의 득표율은 이낙연 62.37%, 이재명 28.3%로 이낙연 후보가 두 배 이상 앞서는 압승을 거뒀습니다. 투표율은 81.39%나 됐습니다.

이것이 뭘 의미합니까?

이재명 후보가 뭐라고 감언이설을 쏟아내도 '대장동 게이트'에 대한 민심의 판단은 이미 끝난 것입니다. 대장동 게이트는 '이재명 게이트'입니다. 민주당 지도부가 비리 의혹과 구설에 시달리는 후보, 민심이 거부한 후보를 끝까지 안고 갈지는 그들의 선택이지만, 국민의힘과 같은 경선 방식이었다면 이재명은 이미 아웃입니다.

민심을 이기는 당은 없습니다.

'대장동 게이트는 이재명 게이트'라는 민심의 판단을 받아 든 민주당이 가장 먼저 할 일은 특검과 국정조사 수용입니다.

민주당이 버티면 여당 대선후보가 투표 전에 구속되는 사상 초유의 사태가 올 것입니다.　　　　　　　　　　　[2021년 10월 11일]

정인이 사건 1주기, 살인자를 엄단해 주십시오

내일(13일)은 16개월 정인이가 우리 곁을 떠난 지 꼭 1년이 되는 날입니다. 말 못하는 아기를 데려다 무자비하게 살해한 양모, 장모씨에 대한 재판은 여전히 진행 중에 있습니다. 인면수심의 범인은 생후 16개월 아이의 췌장이 끊어지고, 뒷머리 등이 수차례 골절되는 상황에서도 병원조차 데려가지 않았습니다.

"3일까지 굶어도 안 죽는다"며 아기를 학대해놓고 법정에서는 심폐소생술을 하느라 장기가 손상됐다고 변명을 하고 있습니다.

범인의 뻔뻔한 거짓말에 국민들의 분노는 하늘을 찌르고 있습니다. 대한민국 사법부는 신속한 재판을 통해 극악무도한 범죄에 경종을 울려야 합니다. 어린 아이를 학대하는 범죄자는 가장 무겁게 처벌해야 합니다. 그것이 정인이를 위한 우리 사회의 마지막 배려입니다.

정인이의 명복을 빕니다.   [2021년 10월 12일]

증권거래세를 폐지하겠습니다

'증권거래세'는 즉각 폐지되어야 합니다.

증권거래세는 정책적 효과도 없고, 유지할 명분도 없습니다.

이는 명백한 이중과세입니다. 주식거래를 해서 소득이 발생하면 소득세를 내는데, 거래세는 왜 또 걷어갑니까? 목적이 다르기 때문이라는 것은 정부의 핑계일 뿐입니다. 국민 입장에서는 한번 거래에 대해 정부가 이중으로 세금을 뜯어가는 것, 그 이상도 이하도 아닙니다.

또한 글로벌 선진증시(Big4)에서 이중과세를 하는 나라는 한국밖에 없습니다. 시가총액 세계 최대인 미국의 경우만 보더라도, 1965년 이후 증권거래세를 폐지했습니다.

두번째인 일본도 1999년 증권거래세를 폐지했습니다.

3,4위인 중국과 홍콩은 증권거래세를 부과하는 대신 양도소득세를 부과하지 않습니다. 결국 증권거래세는 공정하지 못합니다.

이 정부는 초단타매매 등 시장불안요소를 관리하기 위해 증권거래세가 필요하다고 말합니다. 그런데 정작 증권사에게는 시장조성자라는 이유로 면세제도를 운영하면서 개인에게는 과세하는 것은 형평성에도 맞지 않습니다. 거래세가 없어도 수수료가 이미 그 역할을 하고 있습니다. 유승민은 증권거래세를 폐지하여 국내증시가 글로벌 선진증시로 발돋움할 계기를 만들겠습니다. [2021년 10월 12일]

이제 와서 대장동 철저 수사? 웬 뒷북입니까?

핵심 피의자들은 미국으로 도망가고 그나마 남아 있던 증거마서 인멸하도록 방치한 것은 민주당과 문재인 대통령입니다.

이제 와서 철저한 수사를 지시하는 건 그야말로 후안무치한 행태입니다. 물고기 풀어 주고 그물 치는 것과 다를 게 무엇입니까.

늦었지만 특검을 도입하는 것이 그나마 공정하고 철저한 수사를 담보할 수 있습니다. 국민들은 바보가 아닙니다. 특검 반대하는 자가 범인이고 방치하는 자가 공동정범입니다.　　　　　[2021년 10월 12일]

文 "대장동 철저수사… 실체적 진실 규명 총력 다하라"

조혜선 동아닷컴 기자 | 입력 2021-10-12 14:05:00　　가

문재인 대통령이 2021가을 한복문화주간을 맞아 12일 오전 청와대 여민관 영상회의실에서 열린 국무회의에 한복을 입고 참석해 발언하고 있다. 2021.10.12/뉴스1 ⓒ News1

뻔뻔한 이재명, 몰염치의 끝은 어디인가?

이재명 후보가 경기도지사직을 계속 유지하겠다고 합니다. 국정감사를 받고 대장동 비리 사건을 적극적으로 해명하겠다는 취지이지만 실상은 다른 데에 있습니다. 그것은 대장동 비리의 실체를 은폐하고 축소시키기 위함입니다.

대장동 비리 사건의 진실을 밝힐 모든 자료가 성남시와 경기도에 있습니다. 하지만 검찰은 아직도 단 한 번도 이재명 지사를 조사한 적이 없고 이 곳에 대한 압수수색도 진행한 적이 없습니다. 결국 경기도지사직을 유지하는 이유는 다가올 수사를 방어하고 각종 자료 유출을 막기 위함입니다. 거기에 국민 혈세로 도지사직 유지하면서 편하게 선거운동 하는 것은 덤입니다.

정말 이재명 지사의 몰염치의 끝은 어디일까요?

어쩌다 민주당이 이렇게까지 몰락한 것인지 안타깝습니다.

민주당과 진보 인사 중에는 바른 소리 할 사람이 한 명도 없는 것입니까?

[2021년 10월 12일]

냉동 난자·정자까지, '무제한 국가난임책임제'를 시행하겠습니다

지난해 합계출산율 0.84명, 올해는 0.7명대가 예상된다고 합니다. 세계 198개국 중 압도적인 꼴찌입니다.

이대로면 경제도, 안보도, 복지도 없습니다. 국가소멸입니다.

이런 비상시국에 아이를 낳기 위해 난임치료를 받겠다고 하는 국민에게 국가는 전폭적인 지원을 해야 마땅합니다.

제가 대통령이 되면

첫째, 체외수정, 인공수정을 포함한 난임치료비 전액을 국가가 지원하도록 하겠습니다.

소득기준, 횟수제한, 1회당 비용제한, 결혼 여부 등 모든 관련 제한 사항을 폐지하겠습니다.

둘째, 난임치료로 인한 신체적 고통은 이루 말할 수 없습니다.

이를 지원하기 위한 난임휴가제도를 현행 '3일'에서 가임기 여성과 배우자에게 각각 '유급 1주일'로 단계적으로 확대해 나가겠습니다.

셋째, 난임치료는 정신적인 고통을 필수적으로 수반합니다.

현행 5곳에 불과한 난임·우울증 상담센터를 전국 17개 광역자치단체 별로 추가 설치하여 누구나 편히 상담을 받을 수 있는 환경을 만들겠습니다.

넷째, 현행 지원대상에서 빠져 있는 냉동난자·정자 동결 및 보관비용 역시 최대 10년까지 국가에서 무상지원하겠습니다. 누구든 건강한 아이를 출산할 권리를 국가가 보장하겠습니다.

대한민국에서, 대한민국 국민이 난임치료를 받고자 한다면, 어떠한 조건과 환경도 개의치 않고 국가가 무제한 책임지겠습니다.

오늘 하루도 난임으로 고통받고 있을 국민 여러분께 한 줄기 희망이 될 수 있도록 정책을 보완해 나가겠습니다.　　　[2021년 10월 13일]

청년과 신혼부부에게 주택담보대출비율(LTV)을
90%까지 풀겠습니다

여야 대선후보들의 주택공약을 요약하자면, "나는 내 집에 살지만, 너희는 임대아파트에 살아라"입니다.

우리 당 윤석열·홍준표 후보의 '원가주택' '퀴터주택,' 민주당 이재명 후보의 '기본주택'은 이름은 다르지만 결국 국가가 주택의 위치, 소유권, 이익을 제한하는 넓은 의미의 임대아파트에 불과합니다.

지난 수십년간 기성세대들은 평생 모아 집 한 채 살 수 있었고 그 시세차익을 통해 경제적 기반을 마련하였습니다. 하지만 이제는 그 연결 고리가 끊어졌습니다. 주택을 소유한 자와 소유하지 못한 자의 양극화는 한국판 카스트제도를 방불케 할 정도로 고착화되어 버렸습니다. 이런 상황에서 여야 후보들은 청년들에게 '내 집 마련'의 꿈은 커녕 평생 임대주택에 살라고 하고 있습니다.

기성세대는 '내 집'에 살며 부를 축적하면서 청년들에게 임대아파트에 살라고 하는 것은 이율배반적인 주택정책입니다.

이것은 '공정'하지 못합니다.

내 집 마련을 위한 공정한 주택정책이 필요합니다. 저는 2030 청년들과 신혼부부에게 LTV를 90% 까지 제한 없이 풀겠습니다. 주택 대출 규제는 DTI(총부채상환비율) 규제만으로 충분합니다.

또한 최대 5억원까지 1%대 초저금리로 대출을 지원하겠습니다.

원금상환은 최대 주택매각 시점까지 미룰 수 있도록 하겠습니다.

도심내 주택 용적율을 대폭 상향 조정하고, 신혼부부, 청년, 생애
최초 특별공급분을 신규공급의 50% 수준까지 확대하겠습니다.

무엇보다 특별공급과 관련된 일체의 소득제한을 폐지하겠습니다.

부동산정책 실패로 미친 집값, 미친 전월세를 초래한 문재인 정권
이 대출까지 막는 것은 서민들 숨통을 죄는 나쁜 정책입니다.

[2021년 10월 14일]

유승민이 달리기 시작합니다

후보가 8명에서 4명으로 좁혀지고 토론이 회를 거듭할수록 유승민에 대한 관심과 지지가 치솟고 있습니다.

어제 발표된 갤럽 여론조사가 증명해주고 있습니다. 이재명 후보의 번지르르한 말기술과 뻔뻔하고 야비한 거짓말을 대적하기 위해서는 강하고 당당한 후보, 정책에서 완벽하게 준비된 후보가 필요합니다. 이재명 후보와 싸워 자신있게 이길 수 있는 국민의힘 후보는 저 유승민입니다.

그동안 숨을 고르고 이제는 치타와 같이 전속력으로 달리기 시작했습니다. 10월 25일경에는 골든크로스를 이루게 될 것입니다.

유승민을 봐주십시오. 대한민국 살리는 경제 대통령은 유승민입니다. 뜨거운 성원과 지지를 부탁드립니다.   [2021년 10월 14일]

MT○ 머니투데이 ⊕ 구독

18% 찍고 상승세 타는 유승민...'잭팟' 터뜨릴 수 있을까

입력 2021.10.14. 오후 4:52   수정 2021.10.14. 오후 5:30

박소연 기자 >

258   179

[[the300]윤석열 실언·약점 파고들며 존재감...이재명 저격수로서 본선 경쟁력 부각]

'고양이' 검찰은 빠져라. 민주당은
당장 특검과 국조를 받으라

검찰이 그동안 성남시 압수수색을 뭉개고 있다가 시늉하듯 뒤늦게 압수수색에 착수한 이유가 밝혀졌습니다.

문 대통령이 임명한 김오수 검찰총장이 총장이 되기 직전까지 성남시 고문변호사로 있었기 때문입니다.

왜 경찰이 하루 만에 찾은 유동규 휴대폰을 검찰은 못 찾았는지, 왜 검찰이 수사도 제대로 안한 채 부실하게 김만배의 구속영장을 청구했다가 기각되었는지 이해가 갑니다.

문재인 대통령과 민주당이 몰랐을까요?

이재명 후보가 몰랐을까요?

특검과 국정조사를 거부한 것도 결국 '고양이' 검찰에게 생선을 맡겨 놓고 '대장동 게이트' 수사를 대충 마무리 지으려고 했을 것입니다. 하지만 꼬리가 길면 잡히는 법입니다.

문재인 대통령은 당장 김오수 총장을 업무에서 배제시키십시오.

정권 차원의 봐주기 수사를 여당 후보에게 노골적으로 해주겠다는 겁니까? 민주당과 이재명 후보는 더 이상 김오수 총장 뒤에 숨지 말고 당당히 특검과 국정조사를 수용해야 할 것입니다.

검찰도 정신 차려야 합니다.

대체 왜 이러는 겁니까?

성치권에나 기웃거리고 정권이 바뀔 때마다 눈치나 보고, 퇴임하면 돈 벌 생각이나 하고... 검찰 개혁 요구가 끊이지 않는 것은 검찰 스스로 자초한 것입니다.

돈과 권력만 쫓는 공고한 검찰 부패 카르텔은 스스로 절대 깰 수 없습니다.

검찰과는 아무 이해관계가 없는 유승민이 처절하게 검찰 카르텔을 깨부수겠습니다.
[2021년 10월 15일]

오늘은 10.16 부마민주항쟁 기념일입니다

부마항쟁은 엄혹한 유신체제에서 민주주의 회복을 외친 용기와 결단의 항쟁이었습니다. 독재의 긴 터널에서 민주주의의 가치를 다시금 일깨워 주었던 부마항쟁은 국민들이 끝까지 항거하게 만든 결정적 계기가 되었습니다.

부마항쟁 40년이 지났지만 우리에게는 또 다시 민주주의 위기가 찾아왔습니다.

민생은 미친 집값, 미친 전월세, 일자리 실정에 피폐해졌고 이를 틈타 포퓰리즘 선동 정치가 기승을 부리고 있습니다. 국민의 눈과 귀를 속이고 힘으로 억누르면 불법과 부정이 묻힐 거라 믿는 민주당 신독재 세력들이 우리 민주주의를 위협하고 있습니다.

아닌 것은 아니라고 외쳐왔고 위기는 정직한 정책으로 돌파해야 한다고 주장해온 저는 오늘 부산으로 향해 부마항쟁의 뜻을 새삼 다시 한번 새기겠습니다. 그리고 그 힘으로 유승민은 국민을 속이고 국민에게 호통치는 반민주·반개혁 세력들을 심판하고, 국민 여러분께 희망을 찾아 드리겠습니다.

국민 여러분, 이번에야말로 후회 없는 최선의 선택을 하셔야 합니다. 유승민과 함께 다시 희망이 있는 대한민국을 만드시지 않겠습니까?

[2021년 10월 16일]

10·16부마민중항쟁탑

이선옥 작가님께 두번째 레슨 받았습니다^^

오늘 TV토론 후 이선옥 작가님과 유익한 대화의 시간을 가졌습니다. 지난번 제가 약속했던 성별할당제 폐지, 여가부 폐지, 성별 시민단체에 대한 정부보조금 폐지, 국방의 의무 공동 분담, 동일업무 동일기준, 성범죄 무고죄 강화 등에 대해 작가님이 긍정적인 평가를 해주셨습니다.

그리고 또다른 문제들에 대해 작가님과 늦게까지 심도 깊은 대화를 나눴는데요. 역시 많이 깨달았습니다. 궁금하시죠?

곧 공약으로 내놓을테니 기대하셔도 좋습니다.

귀한 시간을 내주신 이 작가님께 감사드립니다. [2021년 10월 16일]

토론 잘 보셨습니까

어제 토론 잘 보셨습니까.

핵공유, 복지, 공정소득, 재원대책, 주택정책, 군공항 이전, 방사광 가속기 등 다양한 정책들을 다뤘습니다.

정권교체를 진정 원하신다면 더 이상 고민하지 말고 준비된 후보, 깨끗하고 당당한 후보 유승민을 선택해주십시오.

이재명을 확실하게 이길 후보는 오직 유승민입니다.

[2021년 10월 16일]

'승진시 군경력반영 금지 지침'을 폐지하겠습니다

기획재정부가 지난 1월 공공기관에 내려보낸 '승진시 남녀차별 규정 정비' 지침을 폐지하겠습니다. "군 경력이 포함되는 호봉을 기준으로 승진자격을 정하면 남녀고용평등법을 위반할 소지가 있다"는 것이 기재부가 내세운 인사제도 개선지침의 이유였다고 합니다.

군 복무기간이 근무 경력에는 포함될 수 있는데 왜 승진심사에서는 배제해야 할까요? 이게 왜 남녀차별의 문제라고 생각할까요? 군 필자와 미필자의 차이일 뿐입니다. 승진 심사에 포함되는 사회 경력은 여러가지가 있습니다.

군이 군 복무기간만 경력에서 빼야 할 이유는 없습니다. 국가가 부를 때 의무를 다한 젊은이들에게 합당한 예우와 보상 대신 희생만 강요해서 안됩니다. 유승민은 군복무에 대한 고려와 존중이 우선되는 나라를 만들겠습니다.

p.s.

조금 전 부산 광안리 라방을 마치고 지금 막 숙소에 돌아왔습니다.

이틀전 이선옥 작가님과 두번째 만남 이후 공약으로 만들어 발표하겠다고 말씀드렸는데 부산에 내려와 바쁜 일정을 소화하다 보니 늦어졌습니다. 토론회 사이 사이에도 유치타의 공약 발표는 계속됩니다~~!!   [2021년 10월 17일]

대장동 사건의 판박이,
백현지구 호텔사업 특혜 의혹을 고발합니다

대장동 비리의 핵심은 이 지사의 측근을 관계기관의 요직에 앉히고 부패한 카르텔을 형성하여 이들에게 천문학적 특혜를 몰아주었다는 점입니다.

이재명 지사가 성남시장과 경기도지사를 거치면서 수많은 부동산 개발을 진행해 왔다는 점에서 대장동 비리와 같은 유사 사건들이 또 있지 않겠냐는 게 국민들이 의심하는 부분입니다.

실제로 최근 언론을 통해 백현지구 호텔 개발과정에서도 특혜가 있었다는 의혹이 제기된 바 있습니다만 이재명 경기도지사 측은 이를 부인하고 있습니다.

하지만 저희 캠프에서 확인한 결과 백현지구 역시 대장동과 유사한 방식으로 측근에게 특혜를 몰아준 정황이 발견됐습니다.

이 의혹의 당사자는 다름 아닌 성남산업진흥원 안태준 전 이사입니다. 안태준 전 이사는 이재명 경기지사가 2013년 임명한 자로서 민주당 문학진 전 국회의원의 보좌관 출신입니다. 현재 경기주택도시공사 부사장으로 활동하고 있는 인물이기도 합니다.

안태준 전 이사가 성남산업진흥원에 임명된 이후 성남시는 백현지구 시유지에 호텔개발에 대한 연구용역 및 호텔사업 시행을 각각 ㈜피엠지플랜과 ㈜베지츠종합개발에 수의계약으로 맡겼습니다.

그런데 이 두 회사는 이름만 다를 뿐 등기 이사 대부분이 동일 인물이고 소재지 주소도 같습니다.

문제는 성남시가 이 기업들과 수의계약을 체결할 당시 안 전 이사가 ㈜베지츠종합개발의 협력사인 ㈜유엠피의 사내이사를 맡고 있었다는 사실입니다.

하필 성남시의 산하기관 등기이사로 재직한 시기와, 시청에서 주도하는 호텔 건설 협력사의 등기이사 시기가 맞물리는 것은 단순한 우연이 아닐 것입니다.

심지어 안 전 이사는 2019년 8월에 경기주택도시공사 북부본부장으로 취임했는데 이 시기도 해당 부동산 개발 협력사의 근무 기간이 겹칩니다. 안 전 이사가 ㈜유엠피에서 이사로 재직한 시기는 2020년 1월까지였습니다.

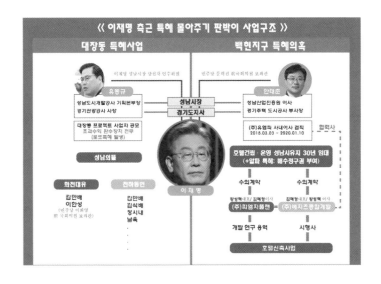

당시 성남시장이었던 이재명 지사는 안태준 전 이사의 수상한 겸직, 협력사 특혜 의혹에 대해 사실관계를 소상히 밝혀야 합니다.

　아울러 수사당국은 성남시에서 이루어진 납득하기 어려운 수의계약 과정, 시행사 선정과정, 이재명 지사와 안태준 전 이사의 개입 여부, 개발과정에서의 뇌물 수수 여부 등을 신속하고 과감하게 수사해야 할 것입니다.

　만약 문재인 정부가 이 사건 역시 늑장 대응으로 관계자들이 해외로 도피하거나 증거인멸을 하도록 방치한다면 국민들이 결코 좌시하지 않을 것이라는 점을 엄중히 경고합니다.　　　　[2021년 10월 18일]

이재명 당선이 정권교체라니요?

송영길 민주당 대표가 급하긴 급한 모양입니다.

민주당 대선 후보 경선과정에서 "민주정부 4기의 탄생"을 외쳐놓고 이재명 후보가 대통령이 되는 것이 '정권교체'라는 황당한 말을 꺼냈습니다.

이재명 후보의 말을 그대로 돌려드리죠. 이재명 당선이 정권교체라고 하는 건 "친일파가 독립군 행세하는 것"이 아니고 무엇이겠습니까? 전과 4범에, 패륜적인 쌍욕을 일삼은 후보, 대장동 게이트의 주범이 집권 여당의 대통령 후보라는 것 자체가 대한민국에 수치스러운 일입니다.

분노하는 민심이 두려울 겁니다. 동정표라도 얻을 심산이라면 차라리 국민 앞에 용서를 구하십시오.

정권교체 운운하면서 문재인 대통령을 디스하는 걸 보니 본격적인 문 대통령과 선 긋기에 나선 모양인데, 친문과 이낙연 후보 지지자들도 그렇게 생각할까요? 국민이 그 말에 속을까요? 정말 좀스럽고 민망하지 않습니까?

국민의힘과 유승민이 이 거대한 부패와 악의 카르텔을 깨고 반드시 정권교체를 이뤄낼 것입니다. [2021년 10월 18일]

민주노총 내로남불 총파업, 제 정신입니까?

민주노총이 총파업을 한답니다. 서울 복판에 3만명이 모인답니다. 민노총의 내로남불입니다. 자기네 이익 말고는 중요한 게 없습니까?

도대체 지금이 그래야 할 때입니까?

코로나 위기로 고통받는 조합원을 위해서라구요? 코로나로 가장 큰 고통을 받는 자영업자들이 민노총의 눈에는 보이지 않습니까?

불법집회로 피해를 입을까 안절부절 하는 자영업자들을 보면서 아무렇지도 않습니까? 문재인 정부 들어와서 일등 수혜자가 민주노총 아닙니까? 민노총 눈치보기로 일관했던 문재인 대통령도 어디 말 좀 해보시기 바랍니다. 이렇게 자기 조직의 힘을 앞세워 총파업하면서 다른 약자 노동자들의 피해는 나몰라라 하는 건 더 이상 노동조합이 아닙니다. 거기 어디에 배려가 있고, 연대가 있고, 공정이 있습니까?

저 유승민은 노조의 정당한 권리를 존중합니다. 그러나 대화 대신 불법으로 힘을 과시하는 것, 약자들에게 피해를 입히는 것, 이런 민노총의 횡포는 결코 묵과하지 않겠습니다.

어려운 민생을 챙겨주고 대의를 따른다던 과거의 노동운동은 영영 사라져버리고 이익 챙기기만 남은 겁니까?

국민을 대신해 요구합니다. 당장 총파업을 철회하세요.

[2021년 10월 19일]

윤석열 후보의 전비어천가, 역겹다

"5.18과 쿠데타만 빼면 전두환 대통령이 정치는 잘했다."

이 말을 한 사람이 감히 대한민국 대통령이 되겠다는 말인가?

5.18의 아픔 앞에 이런 망언을 한다는 건, 이 시대를 살아가는 인간으로서 공감능력이 없는 건지, 오직 표계산에만 정신이 팔린 건지, 아니면 평소에도 아무 생각없이 살아온 건지, 참 경악스럽고 우려스럽다.

기업들에게 수천억 돈을 뜯고 세금을 훔쳐서 자기 주머니에 수천억 비자금을 챙겨서 말 잘 듣는 똘마니들에게 나눠주는 식의 썩어빠진 부패 정치를 윤후보는 잘하는 정치이고 조직관리라는 말인가?

이런 저렴한 역사인식과 몰상식한 사람이 보수의 예비후보로 대선에 출마한다는 게 너무 부끄럽고 창피하다.

품격이라고는 찾아볼 수 없는 막가파의 망언이다.

이러고도 공정과 상식을 말하고 부정부패 척결을 말할 수 있나?

국민에게 사과하고 사퇴하는 게 나라를 위해서도, 본인을 위해서도 불행을 막는 유일한 길이다.

이런 사람을 대선후보로 뽑는다면 보수정치도 끝장이다.

[2021년 10월 19일]

이재명 후보의 대장동 국정감사 발언이 가관입니다

이재명 후보 스스로 설계자라 시인해놓고 대장동 비리는 유동규 탓이라고 합니다. 자신의 측근, 유동규 본부장 채용은 임명과정이 기억나지 않고, 10차례 이상 결재한 대장동 사업은 세부사항을 보고 받지 않았다고 합니다.

자신의 책임은 전부 '남탓', 자신에게 불리한 말은 모두 '모르쇠'입니다. 자신의 공약 95% 달성은 기억하면서 대장동 비리는 '부분 기억상실증'을 호소하고 있습니다. 수사를 앞둔 범죄자들에게서 흔히 볼 수 있는 화술입니다. 전과 4범, 변호사 출신의 전형적인 법꾸라지 행태입니다. 그러나 이재명 후보의 시간은 여기까지입니다.

특검을 거부하고 민주당 의원들 뒤에 숨어 있는 이재명의 말을 어느 국민이 믿겠습니까! 세치 혀로 가리기엔 이재명 후보의 숨겨둔 거짓과 허물이 너무 큽니다.

[2021년 10월 20일]

유동규 배임 빼고 기소? 대국민 선전포고입니다!

검찰이 유동규를 기소하면서 핵심 혐의인 배임죄만 쏙 빼놓고 뇌물죄만 적용하는 그야말로 어이없는 짓을 했습니다.

대장동 사건에서 1조 8천억이라는 천문학적인 이익을 남기고도 성남시가 회수한 이익은 고작 10%에 불과합니다. 이를 설계하고 추가이익 환수 조항을 삭제한 것은 명백한 배임 혐의입니다.

그럼에도 불구하고 검찰이 배임죄를 빼고 기소한 것은 노골적인 봐주기 수사이자 배임의 공범으로 지목되는 노골적인 이재명 구하기 수사입니다.

그리고 문재인 정권이 민심을 외면하고 공정과 정의는 쓰레기통에 던지고 민주당 정권 연장의 길을 선택하겠다는 대국민 선전포고입니다.

사건 초기부터 검찰의 중립성과 공정성은 심각한 타격을 입었습니다. 유동규가 던진 휴대폰 확보에 실패하고 성남시장실 압수수색은 여론에 못 이겨 마지못해 실시했습니다.

이는 문재인 정권의 충견들이 수사를 장악하고 있고, 무엇보다 성남시 고문변호사 출신이 검찰총장직을 차지하고 있기 때문입니다.

실로 개탄을 금할 수 없습니다. 대한민국 검찰이 돈과 권력을 쫓는 부나방으로 살아온 역사가 하루 이틀이 아니지만 갈수록 가관입니다. 이런 검찰이 존재할 이유가 있을까요?

특검만이 대장동 게이트를 제대로 파헤칠 유일한 희망입니다.

이재명과 유동규의 대장동 설계, 김만배와 권순일의 재판거래, 검찰의 늑장수사와 직무유기, 이 모두를 일망타진할 특검을 도입하는 것만이 이 희대의 부동산게이트를 둘러싼 비리 카르텔을 깨부수는 유일한 길입니다. [2021년 10월 22일]

대통령은 사람만 잘 쓰면 된다?

하필이면 대구경북 토론회에 앞서 전두환 진 대통령 칭송 발언을 하고, 그걸 사과하는 척 하더니 개에게 사과를 주며 국민을 조롱한 윤석열 후보...

"대통령은 경제, 안보, 복지 등 몰라도 사람만 잘 쓰면 된다"고 계속 우깁니다.

윤 후보 말대로, 윤 후보 본인이 아니라 부인과 캠프 사람이 개에게 사과를 준 거라고 칩시다.

그 캠프에서 사람 잘못 쓴 게 벌써 몇번째입니까?

그런데 캠프하고는 비교도 할 수 없는 정부에서 무슨 사람을 잘 써서 국정을 잘 할거라구요?

막중한 대한민국 대통령 자리가 그렇게 만만하고 쉬워 보입니까?

[2021년 10월 22일]

거짓말 하지 맙시다.

윤석열 후보님, 좌파 정권에 있다 오셔서 정치를 어떻게 배우셨는지 모르겠습니다만, 우리 보수는 거짓말과 허위로 국민을 선동하지 않습니다.

정치인의 말은 한 번 뱉으면 돌아오지 않습니다.

토론은 진실을 바탕으로 더 나은 대안을 찾는 후보간의 논의 시간이어야 합니다. 거짓말로 허위로 국민을 헷갈리게 하고 토론의 질을 떨어뜨리는 윤 후보님의 모습에 실망을 금할 수 없습니다.

어제 토론에서 윤 후보님은 민주당의 '소득주도성장'과 '탈원전'을 두고 저에 대해 전혀 사실이 아닌 말을 하셨습니다.

윤 후보님은 제가 "민주당 소주성에 대해서 상당한 공감을 이야기했다"고 거짓 주장을 하셨는데, 저는 2015년 원내대표 연설에서 "야

당이 제시한 소득주도 성장론은 재검토가 필요하다," "성장의 해법이될 수 없다"고 분명히 이야기했습니다. 그 이후에도 문 정부의 소주성에 대해 '세금주도싱장'이라고 계속 비판해 왔습니다.

실소를 금할 수 없는 점은 제가 직접 쓰고 제가 연설한 원내대표연설을 두고 터무니 없는 거짓말을 주장하는 것도 모자라, 오히려 제게 "집에 가서 읽어보라"고 하는 황당한 태도입니다.

툭하면 검사 생활 26년 경험을 강조하시는 윤 후보님께서 어떻게이렇게 거짓말과 허위를 남발하는 것인지 대단히 '유감' 입니다.

또 윤 후보님은 어제 저에게 "'탈원전'이 문재인 정부의 공약과 아주 거의 비슷했다"고 하셨습니다. 아니, 원전을 장기간에 걸쳐 점차적으로 축소시켜 간다는 방향성을 어떻게 '탈원전'이라 말할 수 있습니까. 신재생에너지에도 투자하자는 것이 탈원전과 같습니까? 다시한 번 말하지만, 저는 '탈원전'을 말한 적이 없습니다.

윤 후보님 논리대로 라면 윤 후보님은 다른 신재생에너지는 필요없이 원전 몰빵을 주장하는 것입니까? 이러니 제가 윤 후보님이 스스로 정책 능력 없이 사람만 잘 쓰면 된다는 말에 심각한 우려를 표하는 것입니다.

윤 후보님, 실시간 방송되는 TV토론에서 거짓말로 우기면서 시간만 보내면 된다고 참모들에게 과외를 받으셨나요?

거짓말과 허위로 국민을 선동하는 행동은 보수 정치인은 하지 않습니다. 어디서 배운 건지는 모르겠지만 보수당 경선에 참여하려면최소한의 기본적인 품격은 갖추길 바랍니다.　　　　[2021년 10월 23일]

멀쩡한 후보 놔두고 왜 고민하십니까?

홍준표 후보와 윤석열 후보가 서로 상대방의 전과, 비리, 막말, 망언을 두고 이전투구를 하는 모습입니다.

홍후보가 윤후보의 부인과 장모의 불법 비리 혐의를 공격하면,

윤후보는 홍후보 본인과 처남 전과로 되치는 식입니다.

1심 유죄를 공격하면 상대방의 1심 유죄로 되받아칩니다.

두 분이 구사하는 언어도 품격과는 거리가 멉니다.

정말 가관입니다.

피장파장이고 도긴개긴 아닙니까?

두 분 모두 이재명을 대적할 도덕성에서도, 능력 면에서도 낙제점입니다.

진정 정권교체를 원하신다면, 도덕성, 능력, 품격 모두 유승민 뿐입니다.

본선에 가면 이재명한테 놀아날 게 뻔한 후보들로 무슨 정권교체를 한다는 말입니까?

무난하게 질 후보들입니다.

이제는 선수 교체해야 할 타이밍입니다.

멀쩡한 사람 놔두고, 좋은 사람 놔두고, 능력 있는 사람 놔두고, 왜 고민하십니까?

이재명을 확실하고 안전하게 이길 후보는 유승민 뿐입니다!

[2021년 10월 24일]

노동개혁 공약

젊은 세대에게 일할 기회를 줘야 대한민국이 다시 성장할 수 있습니다. 기성세대와 청년이 '공정하게' '오직 능력으로' 경쟁하게 해야 합니다. 직장 오래 다녔다고 더 받는 구조, 정규직처럼 일하는 비정규직은 없애야 합니다.

청년에게는 월 150만원까지 지원하겠습니다. 공공부문과 대기업 거대 노조의 배타적인 철밥통도 개혁해야 합니다. 자기 밥그릇만 챙기려는 민노총과 전교조 등에 엄격히 대응하고, 불법파업을 뿌리뽑겠습니다.

그러나 일자리 이동이 두렵지 않도록, 고용안전망은 강화하겠습니다. 대한민국 '다시 성장'을 위한 노동개혁, 대타협으로 이뤄내겠습니다.

① 취준생 부익부 빈익빈 타파를 위해 청년에게 월 150만 원까지 지원하겠습니다.

② 정규직처럼 일하는 비정규직은 없애겠습니다.

③ '인국공' 사태를 막도록 공공부문 정규직 전환 과정을 공개하겠습니다.

④ 연공급은 폐지하고 '유연하고 공정한' 노동시장을 만들겠습니다.

⑤ 실업급여 수준을 평균임금 70% 수준으로 높이겠습니다.

⑥ 플랫폼 노동자의 '노동안전망'을 구축하겠습니다.

⑦ 원하면 75세까지 일할 수 있게 만들겠습니다.

① 취준생 부익부 빈익빈, 타파하겠습니다.

취업준비에도 '부익부 빈익빈'이 존재합니다. "청년플러스 통장"을 만들어 한 달에 150만원까지 지원하겠습니다. 18세에서 30세에 해당하는 청년을 대상으로, 월 50만원 이내의 교육훈련 비용과 월 100만원 이내의 생활비를 지원하되, 소득수준에 따라 지원액에 차이를 두겠습니다. (sliding scale 방식) 누구는 해외 영어연수를 가고 누구는 알바해서 토익학원비조차 벌기 힘든 현실에서, 청년플러스 통장은 '공정한 경쟁을 위한 필요조건'입니다.

② 정규직 같이 일하는 비정규직은 없애겠습니다.

비정규직을 줄이기 위한 법제도적 수단은 더 강화하겠습니다. 공공·대기업·금융부문의 상시·지속업무에 대해서는 기간제(계약직) 근로자를 사용할 수 없게 하겠습니다. 임금차별금지 규제의 비교대상 근로자의 범위를 확대하겠습니다. '매우 좁은 의미'에서, "동일한 일을 하는 정규직이 없다"는 이유로 비정규직에 대한 임금차별금지를 피해가는 현실을 고치겠습니다.

또한, 직무급 도입과 함께, 공무직이나 무기계약직이 정규직에 비해 차별받는 일이 없도록 하겠습니다. 파견 및 사내도급(용역)근로자 등 간접고용 근로자에 대한 '(임금의) 중간착취 가능성'을 원천적으로 막겠습니다. 원청이 하청근로자에게 직접 임금을 지급하게 하거나, 하청단가 결정시, 임금수준 항목을 별도로 합의하게 하는 등의 실효성 있는 방법을 강구하겠습니다.

③ 공공부문의 비정규직을 정규직으로 전환할 경우, 반드시 '공모' 원칙을 지키게 하여 청년들에게 공정한 경쟁의 기회를 주겠습니다.

인천국제공항공사 사태는 취업을 준비하던 수많은 청년들을 분노하게 했습니다. 기회는 불평등하고, 과정은 불공평하고, 결과는 부정했기 때문입니다. 취업에서는 반드시 공정한 경쟁이 이뤄질 수 있도록 하겠습니다.

④ '유연하고 공정한' 노동시장을 만들겠습니다.

다양한 근로계약이 가능하도록, 노동규제를 유연하고 합리적으로 개선하겠습니다. "탄력적 근로시간제가 탄력적이지 않다"는 불만이 나오지 않도록 만들겠습니다. 예컨대, '개인별 일일근무시간표를 사전에 미리 짜서 공지'해야 하는 요건 등 비현실적인 규제를 고치겠습니다.

연공급 폐지를 공무원, 공공부문부터 우선 적용하고, 점차 민간기업으로 확산 시키겠습니다.

취업규칙 변경시, 노조 및 전체 종업원 대표의 동의가 아니더라도 '적용 대상 직군'의 집단적 동의 절차로 추진하는 것을 허용하겠습니다. 예컨대, 전문직, 엔지니어의 노동유연화에 대해 노조가 무조건 반대하는 경우를 방지하기 위함입니다.

근로자가 원하면, 시간제 근로와 풀타임 근로를 자유롭게 전환할 수 있도록 하겠습니다.

혁신경제 부문의 스타트업과 리쇼어링(U-턴) 기업을 대상으로, '노동규제 샌드박스' 제도를 도입하여, 한시적으로 3년간 노동규제의 유연한 적용을 허용하겠습니다.

⑤ 실업급여 수준을 현재 평균임금 60% 수준에서 70% 수준으로 높이겠습니다.

실업급여 수준을 높이고 1일 상한선 수준도 상향조정하겠습니다. 기본 66,000원에 '무소득 부양가족 1인당 1일 1만원'을 추가하겠습니다. 예컨대, 3자녀가 있을 경우, 1일 3만원씩 더해서, 96,000원으로 상한선을 상향조정하겠습니다.

일을 해서 소득이 생긴 경우에도 실업급여를 일부 받을 수 있도록 하겠습니다. 예를 들어, 일당 8만원 받는다고 66,000원의 실업급여를 포기해야 한다면, 14,000원 더 벌자고 일을 할 사람은 없을 것이기 때문입니다. 직장을 스스로 그만 두는 '자발적 실업자'도 실업급여를 받을 수 있게 하겠습니다. 다만, '평생 사용 가능 횟수'를 제한(예: 3회)하고, 실업급여 지급액도 비자발적 실업급여보다는 적은 수준(70%~50%)으로 검토하겠습니다.

⑥ 플랫폼 노동자의 '노동안전망'을 구축하겠습니다.

특정 기업에 대한 '전속성'이 있는 경우, 즉 근로자 성격이 강한 경우에는, 적어도 일부 근로기준법 조항을 적용할 수 있도록 하겠습니다.

(예: 근로시간, 임금, 휴일 등 근로기준법 적용, 단, 해고 관련 조항 적용은 배제)

특정 기업에 대한 '전속성'이 없는 경우, 즉 자영업자 성격이 강한 경우에는, "고용계약을 통한 보호", 즉 현행 표준근로계약을 제도화해서 노동계약을 보호할 수 있도록 하겠습니다.

협동조합을 기반으로 하는 공제회 설립을 포함하여, 플랫폼 노동자 보호를 위한 '(가칭)플랫폼종사자법'을 제정하겠습니다. '플랫폼 노동자들을 임금근로자로 인정하자'는 주장, '플랫폼도 사용자로 인정하자'는 주장 등에 대해서는 장기적으로 사회적 합의점을 도출해 나가겠습니다.

⑦ 원하면 75세까지 일할 수 있게 만들겠습니다.

100세 시대에 적어도 75세까지는 일할 수 있도록, 은퇴자 'New Start 운동'을 전개하겠습니다.

은퇴자의 재교육을 위해, 60세 이상에게는 대학(전문대 포함)의 정원규제를 제한 없이 풀고, 교육비용을 국가가 지원하겠습니다. 인생 2모작, 3모작 시대에 걸맞게 65세 이상 분들의 고용보험 신규 가입을 허용하겠습니다.

'사회적 대타협' 방식으로 노동개혁을 완수하겠습니다.

이상의 모든 노동개혁 방안을 '공권력 동원' 방식이 아닌, 노사정 '사회적 대타협' 방식으로 노동개혁을 완수하겠습니다. 노사 양측으로부터 노동유연성과 공정노동, 그리고 고용안전망 간의 빅딜을 이끌어 내어, 민간 투자와 일자리 창출의 획기적 계기를 마련하겠습니다.

스웨덴의 1938년 살트쉐바덴 협약, 네덜란드의 1982년 바세나르 협약, 덴마크의 황금삼각형 모델 사회협약 등, 노사정 대타협으로 경제위기를 이겨내고 노와 사 모두 상생의 길을 갔던 선진국들처럼, 우리도 할 수 있습니다.

쉽지 않은 과업을 인내와 용기로 이루어내는 일, 그것이 진짜 대통령의 책무이고, 유능한 대통령이 할 수 있는 일이라고 생각합니다.

[2021년 10월 24일]

사표 안 내면 박살 난다

    화천대유가 설립된 날 성남도시개발공사 황무성 초대 사장이 이재명 최측근의 사퇴압력을 받은 녹취록이 나왔습니다.

    녹취록에는 성남도시개발공사 유한기 본부장이 이재명의 핵심 측근 유동규와 정진상을 수차례 언급하며 사직서 제출을 압박한 내용이 적나라하게 담겨 있습니다.

    황무성 사장이 강요와 압박에 못이겨 사직서를 제출한 날은 화천대유가 설립된 날이고 대장동 민간사업자 공모지침서를 배포하기 일주일 전이었습니다. 결국 화천대유에 천문학적인 특혜를 몰아주고 민간사업자의 추가이익 환수 조항마저 삭제하는 완벽한 범죄를 위해 이재명 최측근들이 조직적으로 가담한 것입니다.

    이재명 후보가 이러한 사실을 몰랐을까요? 이 후보의 지시 또는 동의 없이 어떻게 저런 대담한 짓을 할 수 있겠습니까? 더욱이 불법 사퇴를 종용한 행위는 '직권남용'으로 당장 강제수사가 필요한 사안입니다. 손바닥으로 하늘은 커녕 본인의 얼굴조차 가리지 못하고 있습니다. 더 이상 선전·선동에 국민들이 속아 넘어가지 않습니다.

    이낙연 전 총리가 이런 후보의 선대위 고문을 수락한 것은 안타까운 선택입니다. 최악의 범죄 혐의자를 대통령 후보로 내세우는 민주당과 문재인 정부가 한심하기 짝이 없습니다.   [2021년 10월 25일]

이대로는 제2의 페이커를 기대하기 힘듭니다

내년 항저우 아시안게임에 e스포츠가 정식종목으로 채택되었습니다. 한 번이라도 세계대회 중계를 보신 분들은 아시겠지만, 그동안 e스포츠 종사자들의 활약은 세계 속 대한민국의 위상을 높여왔습니다. 이 분들 덕분에 우리나라에 관심을 갖게 된 분들도 많고, 한국을 직접 찾는 분들도 많습니다. 전세계적으로 e스포츠 대회의 규모는 기존 스포츠 대회를 위협할 만큼 이미 성장했고, 관련 산업도 확장일로입니다. 그런데 e스포츠 최강국 자리를 유지하려면 그 이면의 명암을 살필 필요가 있습니다.

방금 서울 송파구에서 'e스포츠 종사자 처우개선 및 산업진흥을 위한 간담회'에 참석하고 대전으로 갑니다.

오늘 간담회에서 '천재테란' 이윤열 선수와 '피오' 차승훈 선수, 그리고 종목사와 게임단 관계자들께서 말씀해주신 현실을 들어보니 생각보다 상황이 좋지 않은 것 같습니다.

연봉 2천만원 미만 선수가 36.4%, 감독-코치 등 스텝 중 계약직 비율은 84.5%, 4대 보험 미가입 비율은 무려 73.1%에 달합니다.

대기업을 스폰서로 둔 구단도 수십억 손실을 기록하며 해체 직전입니다. 해외로 떠나는 선수와 코칭스텝도 점차 늘고 있습니다.

e스포츠에 대한 인식 문제, 프로게이머들의 짧은 선수 생활 이후 일자리와 인생 설계 문제 등 현장의 다양한 목소리들을 들었습니다. 이대로라면 중국을 비롯한 외국에 최강국 지위를 내주고 말 것이고, 관련 산업의 진흥도 어려워질 것입니다.

이제는 발상을 전환해 국가의 지원이 필요합니다.

국가의 지원에 힘입어 지금의 자리에 올라설 수 있었던 주요 스포츠들처럼 e스포츠 또한 체계적인 지원이 이루어져야 합니다. 그리고 2022 항저우 아시안게임은 그 계기가 돼야 합니다.

저는 비인기 운동 종목에 주어지던 세제지원 혜택을 e스포츠로 확대하여 지원하고, 제2, 제3의 페이커가 나올 수 있도록 선수와 코칭 스탭의 처우 개선을 뒷받침하겠습니다. 그리고 e스포츠의 종주국답게 전세계 선수들이 참가하는 세계적 대회를 우리나라에서 개최할 수 있도록 지원을 아끼지 않겠습니다.

페이커 선수의 말처럼 '매일 하루에 10시간 이상, 손가락이 휠 정도로 훈련하는' 그들에게 우리가 든든한 응원군이 돼야 하지 않겠습니까? 발상을 전환하면, 우리가 신성장 산업의 주역이 되고, 새로운 방식으로 대한민국의 위상을 높일 수 있습니다.　　[2021년 10월 25일]

보릿고개를 없앤 박정희 대통령,
다시 경제 대통령입니다

故 박정희 대통령의 42주기입니다.

박정희 대통령은 누가 뭐라 해도 가난과 보릿고개로부터 이 나라를 해방시킨 경제발전의 공(功)을 세운 분입니다. 박 대통령이 이룬 산업화의 기반 위에 우리 경제는 1960년대 이후 30년간 한강의 기적으로 불리는 고속성장을 했습니다.

제 젊은 시절을 갈아넣으며 밤을 지새웠던 한국개발연구원 KDI는 박 대통령의 이런 혜안과 마음이 고스란히 투영된 곳이었습니다.

어떻게 하면 이 나라 경제를 발전 시킬 수 있을까.

"번영을 향한 경제설계"... 박정희 대통령이 직접 쓰신 액자가 KDI 로비에 걸려 있었고, 저는 출근과 퇴근마다 그 글씨를 보면서 국민의 먹고 사는 문제를 해결하는 법을 찾았습니다.

그러나 1990년대부터 지난 30여년간 우리 경제는 계속 추락하고 있습니다. 다음 대통령이 최우선으로 해결해야 할 과제는 우리 경제를 '다시 성장으로' 일으켜 세우는 것입니다.

그래서 청년 일자리 만들고 미친 집값도 되돌려놓겠습니다.

준비된 경제대통령, 유승민만이 해낼 수 있습니다.

[2021년 10월 26일]

번영을 향한 경제설계

한국개발연구원 개관에 즈음하여
1972년 7월 4일
대통령 박정희

문재인-이재명의 만남

오늘 문재인 대통령과 이재명 후보가 만납니다.

오늘 만남에서 문대통령은 이 후보의 대장동 게이트를 덮어주고 이 후보는 문대통령의 퇴임후 신변안전을 보장하는 뒷거래를 할 가능성이 높습니다. 오늘 이후 정권연장을 위해 이들은 수단과 방법을 가리지 않을 것입니다. 서로의 약점을 이용하는 이런 뒷거래는 추악한 법치파괴 행위입니다.

결론은 정권교체 뿐입니다.

정권교체를 정말 원하신다면, 답은 유승민 뿐입니다.

[2021년 10월 26일]

노태우 전 대통령께서 별세하셨습니다.

삼가 고인의 명복을 빕니다.
부디 평안히 영면하시기 바랍니다.
유가족 분들께 깊은 위로의 말씀을 드립니다.

[2021년 10월 26일]

정부가 내놓은 금융 대책이 정말 한심합니다

집값을 올려놓고 대출을 막으면 결국 누가 피해를 입게 될까요?

집을 살 수 있는 건 누구일까요?

전세대출도 사실상 올해가 막차로 만드는 '대출 한파'는 안 그래도 미친 전셋값을 더 미치게 할텐데 도대체 왜 이러는 걸까요? 무슨 생각이 있기라도 한 겁니까? 제발 부탁이니 무능한 문재인 정부는 임기말까지 부동산 정책은 아무 것도 하지 마십시오. 이래서 경제 대통령이 필요합니다.

유승민을 선택해 주십시오.

제대로 된 정책으로 부동산 가격 되돌리고 꼭 필요한 분들에겐 대출 더 풀겠습니다.

선수교체, 여러분의 미래를 결정합니다! [2021년 10월 27일]

유승민 지지율 20%대로 급상승, 유치타의 막판 스퍼트가 시작됐습니다!

오늘 발표된 머니투데이와 한국갤럽 여론조사 결과 보수야당 대선 후보 적합도에서 저의 지지도가 수직 상승했습니다. 윤석열 후보와는 이제 오차범위 내로 좁혀졌습니다.

그동안 전국에서 만난 국민들과 당원들은 한 목소리로 "유승민이라면 확실하게, 걱정 없이 정권교체 할 텐데 왜 이리 지지도가 더디 올라가냐"며 걱정해주셨습니다.

국가 운영 철학과 소신, 도덕성과 품격, 경제와 안보를 챙길 전문성까지, 이재명 후보를 압도할 후보는 유승민 뿐입니다. 국민의힘 후보 중 누가 이재명과의 TV토론에서 승리할 수 있을지 생각해 주십시오.

대역전의 드라마가 시작되었습니다. 11월 5일까지 남은 8일은 1등 후보로 역전하기에 충분한 시간입니다.

중도층과 흔들리는 민주당 지지층까지 끌어들일 후보는 오직 유승민입니다.

유승민을 뽑으면 유승민이 됩니다.

함께 대역전 드라마를 만들고, 그 기세로 본선에서 승리하지 않으시겠습니까?

뜨거운 성원과 격려를 부탁드립니다.   [2021년 10월 27일]

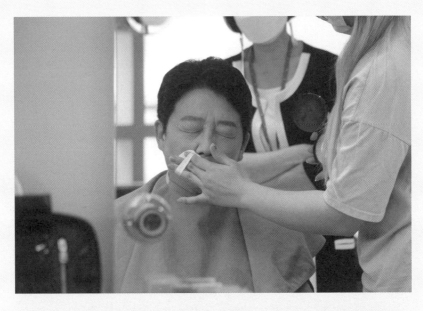

국민이 잘되면 좋겠습니다

음식점 총량제? 이재명 후보의 수준이 딱 보입니다

음식점 총량제? 북한 김여정의 말인줄 알았습니다.

이재명 후보의 수준을 그대로 보여주는 조잡한 발상입니다.

택시총량제에서 따온 아이디어인지는 모르겠으나, 음식점과 택시는 다릅니다.

음식점, 카페, 떡볶이집, 호프집 등은 국민 누구나 자유롭게 할 수 있는 것이고 누구나 하다가도 그만 둘 수 있는 것입니다.

평등한 자유가 공정입니다.

거기에 총량제를 하고 프리미엄이 붙고... 이게 말이 됩니까?

총량제를 한 다음에는 '음식점 이익보장제'까지 정부가 할 겁니까?

이재명 후보는 자유롭고 공정한 시장경제에 대한 이해가 초등학생 수준도 안되는 사람입니다.

음식점 총량제를 말할 게 아니라, 코로나 영업규제로 인한 자영업자 소상공인들의 손실에 대해 우리 헌법이 보장한 소급적용을 해야 할 때입니다.

무지막지(無知莫知)한 이재명 후보를 한 방에 보낼 사람은 유승민 뿐입니다.

진정 정권교체를 원하신다면, 답은 유승민 뿐입니다.

[2021년 10월 28일]

치매 예방과 돌봄의 국가책임을 강화하겠습니다.

2020년 현재, 65세 이상 노인 10분 중 한 분은 인지저하증, 치매를 겪고 계십니다. 어르신들은 치매에 걸리면 인생의 마지막 모습이 아름답지 못하게 될까봐, 그리고 자식들에게 간병비 등으로 부담을 줄까봐 걱정하십니다.

(*2020년 기준, 1인당 연간 치매 관리비용은 2,106만원 추산)

최대한 빨리 치매 위험군을 발견하고, 돌봄기능을 강화해 우리 모두 피할 수 없는 노년의 삶이 인간으로서 존엄성을 유지할 수 있도록 다음과 같은 약속을 드립니다.

① 국가건강검진에 치매 검사를 포함시켜 조기발견과 예방치료를 강화하겠
   습니다.
② 재가요양 급여액을 최대 2배로 인상하여 돌봄 시간을 늘릴 수 있게 만들겠
   습니다.
③ 치매 관련 빅데이터 활용과 돌봄을 돕는 디지털 기술 활용을 지원하겠습니다.
④ 돌봄 일자리의 전문성과 소득을 높이겠습니다.

① 치매 검사를 국가건강검진에 포함시키겠습니다.

의사들은 치매의 조기발견과 치료가 무엇보다도 중요하다고 말합니다.

치매가 진행이 되어 신경세포가 죽어버리면 되돌릴 수 없기 때문입니다. '치매 위험군' 여부를 최대한 빨리 사전에 확인하여, 이 분들이 '치매발병'으로 넘어가지 않고 조기에 예방치료를 받을 수 있게 하겠습니다. 정확한 조기진단 검사를 위한 연구개발을 적극 지원하겠습니다.

② 어르신 장기요양보험 재가요양 급여액을 최대 2배로 인상하겠습니다.

재가요양시 요양보호사에게 지급되는 급여(1등급 월150만원)로는 4시간 정도의 돌봄이 가능합니다.

더 많은(예:8시간) 돌봄이 필요한 분들을 위해, 지원 급여액을 높이도록 하겠습니다.

③ 간병과 요양관리 일자리의 디지털 혁신을 지원하겠습니다.

치매관련 빅데이터를 안전하고 적절하게 활용할 수 있는 방법을 찾아서, 치매예방과 치료가 혁신적으로 발전하는데 도움을 주겠습니다.

간병과 돌봄을 돕는 첨단기기를 개발하여 널리 보급하겠습니다

* 실종 예방을 위한 GPS형 배회감지기 및 드론 활용 (특히 농촌지역)

* 치매 우울증을 막기 위한 운동치료에 가상현실 기술 활용

* AI 보이스봇을 통한 안부전화

* 치매돌봄로봇 등

④ '사회서비스 100만 일자리' 공약과 연계하여 '괜찮은 소득의 돌봄 일자리'를 많이 만들겠습니다.

간병, 요양관리 종사자들을 심화교육을 통해 전문화시키겠습니다.

응급처치 등 기본소양 뿐만 아니라, 치매전문, 재활전문, 암투병전문 등 '환자별 맞춤형의 돌봄지식'을 습득한 전문인력으로 만들겠습니다.

적절한 교육과 경험을 이수한 사람들을 전문성 수준에 맞게 자격등급을 부여하고, 그 등급에 따라 소득도 올라갈 수 있도록 하겠습니다.

[2021년 10월 28일]

김어준 방송 TBS, 서울시 예산 전액 삭감해야 합니다

서울시가 TBS 예산 100억원을 삭감한다고 합니다. TBS가 교통방송이라는 본연의 기능을 잃고 김어준 개인방송으로 전락한 것을 감안하면 만시지탄이 아닐 수 없습니다.

공영방송에 있어 중립성과 공정성은 목에 칼이 들어와도 타협할 수 없는 절대가치입니다. 그것을 넘어서는 순간 TBS는 개인 유튜브와 다를 게 없는 것입니다.

그러나 김어준씨의 중립위반, 편향방송 사례는 이루 말할 수가 없습니다.

지난 시장선거에서는 민주당의 기관방송을 자처했습니다. 이제는 아예 대놓고 이재명 후보를 공개적으로 지지하고 있습니다.

세금으로 선거운동을 하는 부패한 짓입니다. 이런 사람을 당장 정리하지 못하는 것은 서울시와 TBS의 직무유기입니다.

김씨에게 TBS는 계약서도 쓰지 않고 월 4천만원, 연봉으로 치면 5억에 가까운 돈을 지급해왔습니다.

이런 편파, 어용방송에 시민의 혈세를 지원한다는 것 자체가 어불성설입니다.

100억원이 아닌 예산 전액을 삭감해야 합니다.

KBS, MBC도 마찬가지입니다.

문재인 정권의 KBS, MBC는 매 정권 때마다 불거진 편향 논란에서 손톱 만큼도 개선되지 않았습니다.

저 유승민은 방송이 정권의 나팔수가 되는 것을 막기 위해서라도 공영방송에 대한 혈세투입을 끊겠습니다.

온 국민의 비웃음을 사고 있는 KBS 수신료 문제부터 정리하겠습니다. 인상이 가당키나 합니까?

지금 강제로 내고 있는 수신료부터 폐지하겠습니다.

방송 스스로가 국민들에게 신뢰를 얻고 이를 바탕으로 운영될 수 있는 구조를 만들겠습니다.

다시는 공영방송이 편향적이고 공정성을 잃었다는 소리가 나오지 않도록 공영방송 환골탈태를 추진하겠습니다!　　[2021년 10월 28일]

정권교체의 임무를 부여해주시면,
여러분의 성원에 보답하겠습니다

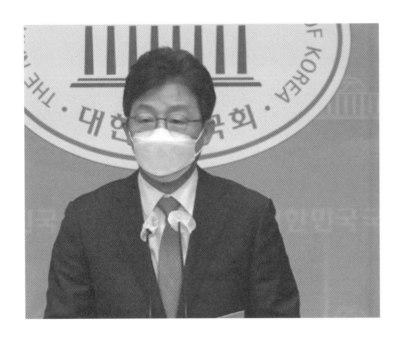

존경하는 국민 여러분,

당원 동지 여러분,

오늘 저 유승민은 담담한 마음으로 역사 앞에 섰습니다. 당원투표
와 국민여론조사가 다음 주에 실시됩니다.

다음 주 여러분의 선택이, 결국 정권교체의 성패를 결정할 것입니
다. 여러분은 우리 후손들이 어떤 대한민국에서 살아가길 원하십니

까. 어떤 정부, 어떤 나라를 원하십니까.

대통령은 지혜와 경험, 도덕성, 어느 하나만 부족해도 여러분의 삶과 나라 전체를 위태롭게 만들 수 있는 자리입니다.

여러분은 과연 어떤 대통령을 원하십니까.

22년전 저는 보수당에 입당했습니다. 온 국민이 IMF위기의 충격에 빠졌던 그 때, 저는 평범한 진실 하나를 깨달았습니다. 정치가 잘못되면 경제가 망가지고 나라와 국민이 불행해진다는 것을 저는 실감했습니다. 그래서 미련없이 경제학자의 길을 내던지고 보수야당의 당원이 되어 정치를 시작했습니다.

그로부터 22년 동안 남들이 어리석다 해도, '나는 왜 정치를 하는가'라는 화두를 붙잡고 정치의 본질에 충실하려고 노력해왔습니다.

제가 정치를 하는 이유는, 아무리 욕을 먹어도 결국 세상을 바꾸는 것은 정치이기 때문입니다.

그 정치의 중심에 대통령이 있습니다. 대통령의 실패는 개인의 실패가 아니라 나라 전체의 실패입니다. 그만큼 대통령은 실패가 용납될 수 없는, 엄중한 자리입니다.

저 유승민은 실패한 또 한 명의 대통령이 아니라, 반드시 성공한 대통령이 되기 위해 도전했습니다.

30년째 추락하고 있는 우리 경제의 심장이 다시 뛰도록, 다시 성장의 길로 도약하도록 만들겠습니다.

세계 최악의 인구위기와 갈수록 심해지는 불평등을 해결해서 젊은 이들의 절망을 희망으로 바꾸겠습니다.

부동산과 일자리 문제 만큼은 반드시 해결하겠습니다.

밝은 내일을 위해 꼭 필요한 개혁은 용감하게 해내겠습니다.

자유와 평등, 공정과 정의, 인권과 법치와 같은 민주공화국의 소중한 헌법가치를 수호하겠습니다.

제대로 된 보수가 어떻게 따뜻한 공동체, 정의로운 세상을 만들어가는지 유승민이 보여드리겠습니다.

우리를 핵미사일로 협박하는 북한, 우리를 조공국 대하듯 깔보는 중국에 맞서 자주국방의 강한 국군과 한미동맹으로 대한민국을 굳건히 지키겠습니다.

누구를 대통령으로 선택하느냐, 이 중요한 일이 이제 국민과 당원 동지 여러분의 손에 달려 있습니다.

국민 여러분,

당원 동지 여러분,

저 유승민은 누구 앞에서도 떳떳하게 말할 수 있습니다.

지난 22년 동안 저는 소신과 양심을 지키며 정치를 해왔습니다.

깨끗하고 당당하게 살아왔습니다. 야당 시절에는 최전선의 투사로, 여당 시절에는 살아있는 권력 앞에서도 잘못은 잘못이라고 할 말을 다하며 살았습니다. 어떤 불이익도, 핍박도 두렵지 않았습니다.

우리 정치의 변화와 혁신을 위해 어떤 가시밭길도 피해가지 않았습니다.

정치도, 언론도 틀린 걸 틀렸다고 하지 못하는 세상에서, 자기 편만 감싸고 진실을 외면하는 세상에서, 지금까지 그래왔듯이 앞으로

도 올바른 길을 가겠습니다.

제가 두려운 건 민주공화국의 주인이신 국민 뿐입니다.

제가 원하는 건 권력 그 자체가 아니라, 이 나라가 바른 길로 나아가는 것 뿐입니다.

정권교체를 원하시는 당원 동지 여러분, 진정 정권교체를 원하신다면 다시 한번 생각해주십시오. 혹시 지금 생각하고 계신 후보가 본선에서 도저히 이길 수 없는 후보 아닙니까.

혹시 여러분에게 특정후보 지지를 권하는 분이 자신의 정치적 이익을 위해 줄을 선 사람 아닙니까.

진심으로 정권교체를 원하신다면, 당의 진정한 주인으로서, 민주공화국의 자랑스러운 시민으로서 여러분의 권리를 자유롭게 행사해주십시오.

과연 누구를 후보로 세워야 민주당 이재명 후보를 꺾고 정권교체를 할 수 있는지, 냉철하게 판단해주십시오. 이재명 후보를 상대로 정책, 토론, 도덕성에서 압도할 후보는 저 유승민 밖에 없습니다.

여러분의 선택에 정권교체의 성패가 달려 있고, 대한민국의 명운이 걸려 있습니다.

여러분께서 저 유승민에게 정권교체의 임무를 부여해주시면, 반드시 대선에서 승리하고 성공한 정부를 만들어 여러분의 성원에 보답하겠습니다.

감사합니다. [2021년 10월 29일]

이재명 후보님,
대장동게이트에서 챙겨둔 돈 있으면 쓰시죠

이재명 후보가 음식점 총량제로 매를 벌더니, 전국민 재난지원금
을 1인당 100만원씩 드리자고 합니다.

자기 돈이면 저렇게 펑펑 쓰겠습니까?

빈부격차, 소득격차를 따지지 않고 모든 국민에게 100만원씩 주자
는 발상은 무책임하기 짝이 없습니다.

저런 후보가 대통령이 되면 나라 곳간이 거덜나는 건 한순간일 겁
니다.

자기 돈이 아니니까 저러는 겁니다.

경기도에서 했듯이 국민 세금으로 표를 얻겠다는 겁니다.

이재명 후보님, 혹시 대장동 게이트로 숨겨둔 돈 있으면 그걸로 쓰세요.

국민세금을 멋대로 쓰는 대통령을 뽑아서는 나라 경제가 망합니다. 돈 벌 생각은 하지 않고 돈 쓸 생각만 하는 후보는 경제를 살릴 수 없습니다.

이재명 후보가 되면 우리 경제 망합니다.

유승민이 돼야 경제가 다시 살아납니다.

경제대통령이 대한민국에 절실한 바로 이 순간,

선택은 유승민입니다.   [2021년 10월 30일]

어려운 사람 것 빼앗아 나눠주는 게 공정입니까?

이재명 후보는 "성남시 제1공단 공원조성사업은 인허가권으로 발생한 개발이익을 주민들께 환원한 모범사례" 라고 말합니다.

전혀 사실이 아닙니다.

제1공단 공원조성사업은 대장동 주민들의 이익을 침탈해 본인의 공약을 밀어붙인 "공익 왜곡의 전형"입니다.

대장동 원주민들의 피 같은 땅을 후려치고, 입주민들이 부담한 분양가 일부로 옆 동네에 공원을 조성하는 것이 공익 환수입니까?

이재명 후보가 그렇게 공익 환수에 충실했다면 수천억원을 챙긴 화천대유와 천하동인은 뭡니까?

국민에게 돌아가야 할 이익을 자신의 공약 실현 재원으로 쓰고, 그것을 공익이라고 포장하는 "이재명표 사기"일 뿐입니다.

어려운 소수에게 돌아갈 이익을 다수에게 흩뿌리는 기본소득이나 전국민 재난지원금도 같은 방식입니다.

국민이 낸 세금은 꼭 필요한 곳에 쓰이는 것이 정의입니다.

정의롭지도 공정하지도 않은 이재명은 유승민이 잡겠습니다.

이재명의 논리를 박살낼 준비된 후보는 유승민 뿐입니다.

[2021년 10월 30일]

장애인과 비장애인 간 차별 없는 세상을 만들겠습니다

"이상으로 비장애인 올림픽 중계를 마칩니다."

지난 도쿄 올림픽 중계를 마친 한 아나운서가 남긴 클로징 멘트입니다. 장애인은 특별한 존재가 아닙니다.

비장애인과 다름 없이 인간다운 삶을 보장해주면 됩니다.

① 장애인 복지 예산을 5조원 이상으로 늘리겠습니다.

② 장애인 부모 가정의 비장애인 자녀들 양육에도 신경을 쓰겠습니다

③ 특수교원 충원율을 높이고 '장애인 디지털 인재양성 학교'를 설립하겠습니다

④ 장애인 치료 및 재활 서비스를 강화하겠습니다

⑤ Barrier Free 인증을 사무실 안까지 확대 적용하겠습니다.

⑥ 장애인도 거주지역에서 스포츠와 문화활동을 즐길 수 있는 환경을 만들겠습니다.

⑦ 대통령 직속으로 '장애인특별위원회'를 만들고 대통령이 직접 챙기겠습니다.

① 장애인 복지 예산을 5조원 이상으로 늘리겠습니다.

특히 장애인 생활권 보장을 위해 장애수당, 연금 등 현금성 급여를

늘리겠습니다.*

② 장애인 부모를 둔 자녀들의 양육에 국가가 나서겠습니다.

현행 정책은 장애아동에 대한 지원이 주를 이루고, 장애인 부모를 둔 비장애 아동에 대한 지원책은 부족합니다. 장애인 부모 가정에 육아전문가를 파견하여 빈틈없는 육아지원이 이루어지도록 하겠습니다.

③ 특수교원 충원율을 90% 이상으로 높이고 '장애인 디지털 인재 양성 학교'를 설립하겠습니다.**

228개 지자체별로 빠짐없이 지역거점형 국립특수학교를 건립하고 특수교육 전문가 양성에도 더 힘을 기울이겠습니다. 코딩교육, 블록체인기술 등 디지털혁신 분야에 대한 장애인 교육을 강화하겠습니다.

④ 장애인 치료·재활서비스에 대해 국가의 책임을 다하겠습니다.

권역별로 공공 어린이 재활병원을 건립해서, 장애아동이 멀지 않는 곳에서 전문 재활치료를 저렴하게 받을 수 있도록 하겠습니다. 마을별로 발달장애 주치의제도를 시행하고, 중증장애인에 대한 방문 물리치료를 활성화하겠습니다.

⑤ 기존 건물의 구조적인 부분에 국한되던 BF(Barrier Free)인증을

---

*   2021년 장애인 예산 3조661억원
**   2021년 현재 71% 추정

사무실 책상 위까지 확대 적용하여, 장애인이 실제로 사무실에 근무할 수 있는 완벽한 환경을 만들겠습니다.

이를 위해 장애인 업무보조를 위한 첨단IT 장비가 도입이 될 수 있도록 국가가 적극 지원하겠습니다.[*]

⑥ 장애인도 비장애인처럼 거주지역 인근에서 다양한 스포츠와 문화활동을 즐길수 있는 환경을 만들겠습니다.

문화체육 시설에 BF인증을 적용하겠습니다.[**]

지자체별 장애인 전용 체육시설과 최신식 장애인 문화센터 등 특화된 공간을 건립하겠습니다.[***]

⑦ 이 모든 것을 대통령이 직접 챙기겠습니다.

대통령 직속으로 '장애인특별위원회'를 설치해서, 보건복지부, 고용노동부, 국토교통부, 교육부 등 부처별로 나누어져 있는 장애인 정책과 예산을 효율적으로 관리하겠습니다.

장애인과 비장애인의 차별없는 삶, 대통령 유승민이 만들겠습니다.

[2021년 10월 30일]

---

[*]   Barrier Free: 장애인, 노인, 임산부 및 영유아를 동반한 사람 등이 접근·이용에 불편이 없도록 편의시설을 설치·관리하고 있는지를 공신력 있는 기관이 평가. 보건복지부 소관
[**]   현재는 신축 공공건물에만 의무적용
[***] 전국 장애인전용체육시설 총 69곳, 대한장애인체육회 생활정보센터 통계

반려인 1500만 시대,
사람과 동물의 아름다운 공존을 실현하겠습니다

반려동물은 우리와 함께 하는 가족이자 소중한 생명체입니다.

국민 여러분이 반려동물과 함께 보내는 시간이 더욱 따뜻하고 행복할 수 있도록, 관련 법과 제도를 만들겠습니다.

반려인의 반려동물 진료 부담을 낮추기 위해,

① 진료항목 표준화와 진료비 공시제를 도입하겠습니다

② 진료비를 반려인 소득공제에 포함시키겠습니다.

③ 진료항목·진료비를 사전에 고시하도록 만들겠습니다.

④ 동물병원의 진단서와 처방전 발급을 통해 진료의 투명성을 높이겠습니다.

⑤ 동물보험 가이드라인을 마련하여 더 많은 반려동물이 보험에 가입할 수 있도록 만들겠습니다.

반려동물 인식 및 제도 개선을 위해,

⑥ 반려동물 장묘시설을 늘리고 관련 규제를 현실화하겠습니다.

⑦ 동물학대에 대한 규제와 처벌을 강화하겠습니다.

⑧ 구입이 아닌 입양 방식을 확대하고, 반려동물 등록률을 80%까지 높이겠습니다.

⑨ 국내 펫케어 산업을 선도적으로 육성하겠습니다.

① 반려동물 진료항목을 표준화하고 진료비 공시제를 도입하겠습니다.

동물병원별 진료비가 천차만별이고, 가격책정 기준도 모호해 반려인들이 혼란을 겪고 있는 현실에 기준을 마련하겠습니다.

② 반려동물 진료비를 소득공제에 포함시키겠습니다.

반려인들의 80.7%가 반려동물 진료비에 느끼는 부담을 완화해 드리기 위함입니다

③ 반려동물 진료항목·진료비를 반드시 사전에 고시하도록 만들겠습니다.

동물병원 관련 소비자 불만족 이유 중 1, 2위를 차지하는 항목이 △과잉진료 의심(16.7%), △진료비 사전 고지 없음(15.8%) 이었습니다.

동물병원에서 진료 전에 반려인에게 진료항목과 진료비에 대해 충분히 설명한 후에 진료 여부를 선택할 수 있도록 하겠습니다.

④ 반려동물 병원에서 진단서와 처방전을 의무적으로 제공하도록 하겠습니다.

반려인이 보험금을 청구하려면 진료부 및 진단서 서류가 필요하지만 대다수 동물병원에서는 이를 제공하기 꺼리는 경향이 있고, 이는 과잉진료를 의심하는 원인이 되기도 합니다.

진료 투명성을 높이고 보험 확대를 위해 반려동물에 대한 진단서 및 처방전을 의무제공할 수 있도록 하겠습니다.

⑤ 반려동물보험 가입연령과 적용질환 범위를 확대하겠습니다.

현재 우리나라의 동물보험 가입률은 0.25%에 불과합니다.[*]

동물보험 가입 요건이 까다롭고, 반려동물이 다수 겪는 질환들은 보험적용이 안 되기 때문입니다. 가입연령, 적용질환, 보험금 지급과정 등의 내용이 담긴 동물보험 가이드라인을 마련하여 보험사들이 준수할 수 있도록 하겠습니다.

⑥ 반려동물 장묘시설을 늘리고 관련 규제를 현실화하겠습니다.

공설 장묘시설을 확대하고, 반려동물 사체를 자신의 땅에 매장하는 것을 합법화하겠습니다.[**]

⑦ 동물학대에 대한 규제와 처벌을 강화하겠습니다.

동물 학대 예방교육을 강화하고, 학대 행위에 대한 처벌을 강화하겠습니다. 동물실험 대신 비동물 대체시험이 활성화될 수 있도록 중장기적 계획을 수립하여 추진하겠습니다.

⑧ 반려동물 구입이 아닌 입양 방식을 확대하고, 반려동물 등록률을 80%까지 높이겠습니다.

반려동물이 구매 대상이 아닌 생명체로서 존중될 수 있도록, 입양 방식을 장려하고 입양 절차에서 반려인의 책임성을 높이겠습니다.

등록률을 높이기 위해 반려인에 대한 인센티브도 강구하겠습니다.[***]

⑨ 펫케어 시장을 활성화하고 혁신적인 펫기업을 육성하겠습니다.

---

[*]   미국 2%-반려견, 일본 6.8%-반려동물 전체
[**] 현재 반려동물의 사체가 처리되는 합법적인 방식은 △쓰레기봉투에 넣어 처리하는 방법, △동물병원 등에 위탁해 의료폐기물로 처리하는 방법, △합법적인 동물장묘업체를 통해 처리하는 방법이 있음. 근처 산이나 집 마당에 매장하는 경우가 많지만, 이는 불법인 상황
[***] '동물등록제'가 2014년부터 의무화되었는데, 등록률이 2020년 기준 38.6%로 저조한 상태임

반려동물 산업은 펫푸드, 펫용품을 넘어 생애주기 서비스, 의료, 펫테크(펫용품에 사물인터넷과 빅데이터, AI 결합)로 확대되고 있습니다.

국내뿐만 아니라 전 세계적인 반려동물 시장의 확대에 맞추어 국내 펫케어 산업을 선도적으로 육성하고 좋은 일자리를 창출하겠습니다.

[2021년 10월 30일]

K-콘텐츠의 잠재력을
신성장 동력으로 만들어내겠습니다

〈오징어게임〉, 〈기생충〉, 〈사랑의 불시착〉, 〈스위트 홈〉, 〈BTS의 온라인 공연〉 등 K-콘텐츠는 전 세계에 돌풍을 일으키며 세계 문화 콘텐츠사에 새로운 역사를 만들어가고 있습니다. K-콘텐츠에 대한 관심과 인기가 국가브랜드 가치를 높이는 것은 물론 한국 경제와 일자리 창출에도 큰 기여를 하고 있습니다. K-콘텐츠의 잠재력을 더 키워서 '다시 성장'의 한 축으로 만들겠습니다.

① OTT, 메타버스, NFT 관련 규제부터 네거티브 시스템으로 바꾸겠습니다.

② K-콘텐츠 제작비용에 대해 대폭적으로 세제지원 하겠습니다.

③ '콘텐츠 R&D' 지원을 확대해서 기획창작개발 역량을 제고하겠습니다.

④ '디지털 콘텐츠 아카데미'로 콘텐츠 인재를 양성하겠습니다.

① OTT, 메타버스, NFT 관련 규제부터 네거티브 시스템으로 바꾸겠습니다.

디지털 전환과 플랫폼 경제의 시대에서 과거에는 생각도 못했던 새로운 플랫폼과 콘텐츠가 등장하고 있습니다. K-콘텐츠가 기존 규제에 발이 묶여 빛을 보지 못하는 일이 없도록 하겠습니다.

② OTT기업과 콘텐츠산업의 동반육성을 지원하겠습니다.

'국내OTT'가 '국내 콘텐츠 제작'에 투자한 비용에 대한 세액공제를 확대하겠습니다. 3~10% 수준인 'K-콘텐츠' 제작비 세액공제율을 미국, 프랑스 등 경쟁국 수준인 30%로 높이겠습니다.

③ '콘텐츠 R&D' 지원을 확대하겠습니다.

콘텐츠 R&D는 일반 과학기술 R&D와 다릅니다. 시설물보다 기획 아이디어와 창작인력 중심으로 R&D 지원 정책을 수립하겠습니다.

④ '디지털 콘텐츠 아카데미'를 운영하여 콘텐츠 인재를 양성하겠습니다.

방송·영상 제작 부분 역시 디지털혁신인재가 부족합니다. 정부와 콘텐츠기업이 힘을 합쳐 인재를 양성해야 합니다. 신인 창작자들에게는 기획개발부터 영상제작, 그리고 해외진출까지 패키지로 지원하는 시스템을 만들겠습니다. 문화와 콘텐츠 등 소프트파워가 강한 나라, 유승민과 함께 만들어 갑시다. [2021년 10월 31일]

탄소감축은 YES, 탈원전은 NO, 산업/일자리는 UP

온실가스를 줄이고 장기적으로 탄소중립을 달성해야 합니다.

동시에 우리의 산업경쟁력도 높이고 일자리도 늘려야 합니다.

그러기 위해서는 '탈원전 정책을 폐기'하고 '탄소혁신성장을 추진' 해야 합니다.

◆ '원전-가스발전-재생에너지' 황금삼각형의 저탄소믹스를 추진하겠습니다

① 탈원전 정책은 폐기하고 '신한울 3,4호기'를 조기 건설하겠습니다.

② 석탄발전을 가스발전으로 차질 없이 전환하기 위해 비용보상 및 고용 문제를 해결하겠습니다.

③ 재생에너지 보급은 기술혁신과 함께 확대해 나가겠습니다.

◆ 기술개발-산업육성-일자리창출' 황금삼각형의 '탄소혁신 성장'을 추진하 겠습니다

① 탄소저감 R&D에 국가가 적극 나서겠습니다.

② '기후변화 데이터센터'를 설치하여 국가의 기후위기 대응 역량을 강화하겠습니다.

③ 기업의 탄소저감 기술개발 투자에 대해서도 정부지원책을 마련

하겠습니다.

④ 탄소저감 기술과 디지털 기술을 융합하는 혁신인재를 양성하겠
습니다.

◆ '원전-재생에너지-가스발전' 황금삼각형의 저탄소믹스로 전력을 생산
하겠습니다.

온실가스와 미세먼지 감축을 위해 석탄발전은 줄일 수밖에 없습니
다. 그러면서 전력은 계속 안정적으로 공급되어야 합니다. 이를 위해 에
너지 수급안정을 전제로 한 '에너지 전환 계획'부터 수립해야 합니다.

① 탈원전 정책은 폐기하고 '원전의 안전한 계속운전'을 허용하겠
습니다.

설계수명이 도래하는 '원전 10기'를 2030년까지는 계속 가동/운
전하는 것을 허용하겠습니다.

단, '철저한 안전성 검사 등 정해진 법적 절차'를 거쳐서 결정을 하
도록 하겠습니다. 안전성에 문제가 없다면, 이미 허가가 난 '신한울
3,4호기'를 조기 건설하겠습니다.

② 석탄발전을 가스발전으로 전환하는 계획을 차질 없이 추진하겠
습니다.

석탄발전 축소에 따른 비용보상과 고용 문제에 대한 대책과 필요
재원도 마련하겠습니다. 에너지 전환대상 기업과 종사자, 지역주민
들을 위해 15조원에 이르는 '교통에너지환경세'를 '에너지 진환 지원
기금'으로 활용하겠습니다.

당분간 유지되는 석탄발전에 대해서도 친환경기술을 활용하여 배출탄소를 줄이겠습니다.

③ 재생에너지 보급은 기술혁신과 함께 추진하겠습니다.

지금과 같이 외국 설비회사가 수익을 거의 다 가져가는 구조가 되지 않도록 하려면, 국내 기술개발에 기반하여 추진되어야 합니다.

입지선정도 주민수용성이 높고, 자연훼손이 적은 곳을 활용하도록 하겠습니다.

마을에서 개인들이 신재생에너지로 전기를 생산하고 소비하며, 거래 과정은 블록체인으로 인증하는 '에너지 블록체인'을 도입하겠습니다. 특히 전기차 충전설비에 이를 적용하여 전기차 보급을 앞당기겠습니다.

◆ '기술개발-산업육성-일자리창출' 황금삼각형의 '탄소혁신 성장'을 추진하겠습니다.

① '국가에너지기술개발기관(가칭)'을 신설해 탄소저감을 위한 기술개발(R&D)에 국가가 적극 나서겠습니다.

미국의 NREL(National Renewable Energy Lab)를 벤치마킹해서, 우리 제조업이 '혁신기술로 무장해서 탄소중립 시대에도 경쟁력을 유지'할 수 있도록 돕겠습니다.

② '기후변화 데이터센터'를 설치하여 국가의 기후위기 대응 역량을 강화하겠습니다.

기후변화에 따른 재난, 보건, 농작물 및 경작지 변화 등의 데이터를 통합·분석하여 기후위기 대응에 적극 활용하겠습니다.

③ 기업이 투자하는 탄소저감 기술개발비에 대해서도 세액공제 등 여러 정부 지원책을 마련하겠습니다.

환경-에너지 분야가 우리의 미래 신성장 산업으로 우뚝 서게 만들겠습니다.

④ 디지털혁신인재 100만 양성프로그램의 일환으로 '에너지-디지털 혁신인재'를 양성하겠습니다.

탄소저감 기술과 디지털 기술의 융합으로 4차 산업혁명에 대응하겠습니다. [2021년 10월 31일]

10월의 어느 멋진 날에

어제 동성로에서 456번 유승민 앞에서 '10월의 어느 멋진 날에'를 들려주신 저 네 분의 지지자 여러분, 진심으로 감사드립니다.

감동이었습니다^^   [2021년 10월 31일]

이재명 후보의 '아무 정책 대잔치'

이재명 후보가 대장동 게이트 특검을 피하려고 '아무 정책 대잔치'로 시선을 돌려보려 합니다. 그런데 말하는 정책마다 황당하기 짝이 없는 것들 뿐입니다.

음식점 총량제는 사회주의 국가나 할 만한 것으로서, 저러다가 식량배급제까지 나오는 거 아닌지 불안합니다. 자유롭고 공정한 시장경제에 대한 기초적 인식도 없음을 단적으로 보여줍니다.

전국민 재난지원금은 1인당 100만원에서 하루만에 30~50만원으로 오락가락 합니다. 1인당 100만원이면 50조원인데, 그 예산이면 어려운 자영업자 소상공인, 저소득층을 몇 번 도와드릴 수 있는 예산입니다.

주52시간 근무도 정착하려면 아직 멀었는데, 주4일 근무제를 들고 나옵니다. 노동자들의 소득만 줄어들 게 뻔합니다.

공직자 부동산 강제 매각은 위헌 소지도 있을 뿐 아니라, 대장동 게이트의 주범 의혹을 받고 있는 이재명 후보는 앞으로 부동산 대책에 대해서는 말할 자격도 없는 사람입니다.

이재명의 대장동 게이트 특검은 문재인 대통령과 법무부 장관이 마음만 먹으면 일주일 안에 임명하고 연말 전에 수사를 끝낼 수 있습니다. 그런데도 문 대통령이나 이 후보나 다 짜고서 특검무산 작전에 돌입한 겁니다.

저런 후보를 상대로 정책, 토론, 도덕성에서 이길 우리 후보는 누구입니까?

유승민 뿐입니다.

유승민을 찍으면 유승민이 됩니다!

유승민을 찍어야 정권교체 됩니다!　　　　　　[2021년 11월 1일]

오늘부터 당원 투표가 시작되었습니다

여러분의 한 표가 역사를 바꿉니다.

어떤 후보가 이재명을 이길 것인가 이것 하나만 생각해주십시오.

토론, 정책, 도덕성, 품격에서 이재명을 압도할 후보는 유승민 뿐입니다.

당원 동지 여러분의 집단지성과 애국심을 믿습니다.

유승민에게 마지막 기회를 주십시오.

감사합니다.   [2021년 11월 1일]

이재명 후보님, "바지 벗겠다"는 분이
무슨 염치로 품격을 말합니까

이재명 후보가 우리 당 경선에 대해 조롱과 비아냥을 퍼부있습니다. 부동산이나 기본소득에 대해 품격 있는 정책토론을 하자고 합니다. 공정소득 대 기본소득 끝장토론을 하자고 몇 번이나 얘기해도 꽁무니 빼고 도망간 사람이 갑자기 큰소리를 치니 헛웃음이 나옵니다.

부동산 개발비리 대장동 게이트로 수많은 성남시민들에게 피눈물을 흘리게 만든 장본인이 부동산으로 토론할 자격이나 있습니까.

그리고 기본주택? 그걸 무슨 부동산정책이라고 내놓은 겁니까.

이 후보께서도 '품격'이란 단어를 쓰십니까. 국민의힘 경선에서는 '바지를 벗겠다'고 한 후보는 없었습니다.

조금만 기다리세요.

유승민이 후보가 되어 정책이든 토론이든 도덕성이든 품격이든 제대로 보여드릴께요. [2021년 11월 1일]

배우 김선호씨와 전 여자친구 사이에서
일어나는 일들을 보면서

성별에 따른 차별이 없는 공정한 세상이 중요함을 다시 한번 생각하게 됐습니다.

모든 남성을 잠재적 가해자로 보는 생각은 사라져야 합니다.

무죄추정의 원칙도 지켜져야 합니다.

한 사람의 인생을 망가뜨리는 성범죄는 엄하게 처벌해야 하며,

똑같은 이유로 한 사람의 인생을 망가뜨리는 무고죄도 엄하게 처벌해야 합니다.

모든 국민은 법 앞에 평등하다는 헌법정신이 지켜져야 공정한 세상이 됩니다.

유승민이 만들겠습니다.

여태 해보지 않은 투표로 세상을 바꿉시다!!!　　[2021년 11월 2일]

배당과 자사주 소각을 함부로 규제하면
기업발전이 안됩니다

국민경제자문회의가 '배당소득세를 올리고 자사주 소각을 금지해야 한다, 노동자와 지역사회단체, 협력업체가 기업경영에 참여해야 한다'는 보고서를 발표했습니다. 배당, 자사주 소각이든 설비투자나 R&D투자든, 모두 기업들이 치열한 경쟁 속에서 살아남고 기업가치를 높이기 위해서 선택하는 것입니다.

배당소득세를 올리고 자사주 소각을 금지하면서까지 기업들에게 투자와 임금인상을 강요하는 정책은, 기업의 자유를 구속하고 자본시장 발전에 아무 도움이 안되는 반시장적 정책입니다. 개미투자자들을 무시하는 정책이기도 합니다.

노동자, 지역사회단체, 협력업체가 기업경영에 참여하도록 하는 것도 강요할 일이 아닙니다. 이미 기업들은 ESG 경영을 하면서 스스로 지배구조를 혁신하고 있는데, 정부가 규제로 감놔라 배놔라 할 일이 아닙니다. 문재인 정권보다 더 시장에 반하는 발상을 가진 이재명 후보가 대통령이 되면 우리 경제는 반시장주의가 극성을 부리고 자유와 창의가 사라지고 경제는 활력을 잃게 될 것이 뻔히 보입니다.

자유롭고 공정한 시장경제를 만들면서 공정한 성장을 실현할 후보는 유승민 뿐입니다!

여태 해보지 않은 투표로 세상을 바꿉시다!!　　　[2021년 11월 2일]

20~40세대를 위해 연금개혁을 공약한
유일한 후보는 유승민 뿐입니다

오늘 아침 윤석명 박사님의 칼럼을 읽고 다시 한번 연금개혁의 의지를 다지게 됩니다.

이재명 후보는 나라가 망하든 말든, 젊은이들이 연금을 받든 말든, 국민의 세금으로 매표행위에만 혈안이 되어 있습니다.

우리 청년들의 미래를 진정 걱정하면서 연금개혁, 노동개혁을 약속하고 실천할 대통령은 유승민 뿐입니다.

유승민이 국민의힘 후보가 되어야 정책, 토론, 도덕성, 품격에서 이재명을 압도할 수 있습니다!

여태 해보지 않은 투표로 세상을 바꿉시다!!!　　　[2021년 11월 2일]

'부모보다 가난한 세대'와 한국의 연금정치

윤석명
한국보건사회연구원 연구위원·한국연금학회장·리셋 코리아 연금개혁분과장

　오랜 지인인 핀란드 연금센터 이즈모(Ismo Risku) 실장이 필자에게 자주 물어보는 말이 있다. "출산율이 낮아 연금제도가 지속 불가능해 보이는데, 한국은 어떤 준비를 하고 있나?" 작년 한·중·일 연금전문가 세미나 발표자였던 일본 관리가 필자에게 질문한 내용이다. "훨씬 적게 부담하면서 한국은 어떻게 일본보다 더 많은 액수의 연금을 지급할 수 있는가?"

　"고령화라는 초고속 열차에 탑승하고 있는 한국." 최근 한국연금학회와 핀란드 연금센터가 공동 개최한 심포지엄 토론자였던 미카(Mika Vidlund) 해외협력 담당관의 첫 일성이었다. "출산율을 1.0으로 가정하면 장기적으로 핀란드 연금보험료는 37%로 전망된다." 핀란드 연금센터 미코(Mikko Kautto) 의장 발언이다.

　최근 들어 출산율이 급락해 1.4 수준인 핀란드는 출산율 1.0을 가정하여 연금재정 추계를 하지 않는다. 오랫동안 출산율이 1.7 수준이어서 그렇다. 미코 의장이 1.0 가정의 전망치를 보여 준 이유는 한국연금학회의 특별 요청이 있어서였다. 참고로 출산율이 2.1이어야 현재 인구 수를 유지할 수 있다.

　한국에서 흔한 논쟁 하나가 한 달 후의 일도 모르는데, 어떻게 70년 뒤의 일을 전망하느냐는 거다. 정부 연금재정 추계를 못 믿겠다는 주요 논거 중의 하나다. 연금 문제의 심각성을 과대 포장하는 '공포 마케팅' 수단이라고도 비판한다.

　지난해 한국 출산율이 0.84임을 들어 유사한 가정을 적용한 핀란드 전망치를 보여 줄 수 있겠냐고 필자가 핀란드 측에 요청한 배경이다. 0.8대로 추산한 결과를 보여주기는 부담스러웠나 보다. 어떻게 출산율이 0.8대까지 떨어질 수 있겠냐고 의아해했기 때문이었다. 미코 의장 지시로 핀란드 연금센터에서 특별작업한 수치가 보험료 37%이다. 장기적으로 우리와 유사한 수준의 연금을 지급할 핀란드의 현재 보험료는 24.4%다. 20년 이상 9% 보험료를 내 온 우리와 크게 비교되는 지점이다. 20대 대통령 선거가 얼마 남지 않았다. 매일 정신없이 쏟아지는 유력 대선주자의 공약 중에 연금개혁 공약은 실종상태다. 득표에 도움이 안된다고 보기 때문이다. 문제 심각성을 잘 아는 관료 역시 눈치만 보고 있다.

아무리 적게 잡아도 매일 4000억원 이상의 부채가 쌓이고 있는 한국의 연금, 문제 제기하는 집단이 거의 없다. 내가 사는 동안 별일 있겠어? 연금 줄 돈 없으면 세금 더 걷으면 되지. 발등에 떨어진 불도 아닌 데 천천히 개혁하면 되지. 자기 합리화 일색이다.

　2020년 한 해에만 100조원 넘게 국가부채를 늘린 공무원연금과 군인연금도 큰 문제가 아니라고 한다. 2088년까지 1경 7천조원의 누적적자가 쌓일 국민연금 역시 문제없다고 한다. 100년 뒤인 2120년에 가서도 연금 줄 돈이 있는 일본 사례는 모른척하면서 말이다. 상황이 이러함에도, 연금부채에 대한 경제부총리의 발언과 인사혁신처, 복지부 보도자료를 보면 정녕 우리가 21세기 정보화 시대에 살고 있는 것인지 실감 나지 않는다. 크게 걱정할 일 아니라는 답변 일색이라서 그렇다. 그 좋은 머리를 나라를 위해 쓰는 것이 아니라, 자신들 이익 지키기 위해 쓰고 있다. 개혁이 지연되면 평생 그만큼 연금을 더 받을 수 있다고 생각해서다. 자신들 이익을 지켰다는 공로로 승승장구한 일부 관리는 부끄러움조차 못 느끼는 것 같다. 특정 정권에 편향된 정보를 제공하는 폴리페서들은 언급할 가치조차 없다. 15년 전 "국민연금의 잠재 부채가 하루에 800억원씩으로, 머리 위에서 시한폭탄이 돌아가는 느낌"이라던 당시 복지부장관의 발언이 귓등을 때린다. '부모보다 못사는 세대'가 현실화되고 있는 상황에서, 이들의 등골을 빼먹을 연금에는 손 하나 대지 않으면서도, 복지지출을 확대하겠다만 하고 있다. "염치상실 시대에 살고 있다"는 기획재정부 관리의 한탄이 가슴에 맴도는 이유이기도 하다.

　UN ESCAP 보고서는 대중이 좋아해도 그 제도가 지속 불가능하면 포퓰리즘 정책이라 규정한다. 포퓰리스트 전성시대에서 어떻게 하면 해법을 찾을 수 있을까. 어려운 문제일수록 정공법을 택해야 실타래를 풀 수 있을 것 같다.

　대선 후보들이 이슈화하기 어려운 문제에 대해서는 전문가들과 직접 토론하는 모습을 국민에게 가감없이 보여주는 방안을 제안한다. 정치적·이념적으로 중립적인 전문가 패널의 날 선 질문에 답변하는 대선 후보들을 통해 우리가 처한 민낯을 제대로 보여줄 수 있을 것 같아서다. 우리가 얼마나 위험한 상황에 놓여있는지, 이 상황을 대선 후보들은 어떻게 판단하고 있으며, 어떠한 대책을 준비하고 있는 지 보여줄 수 있을 것이다.

　연금 문제에 대해서만은 '탈정치화한 접근'을 하자는 대선 후보들의 결의라도 이끌어낼 수 있다면 큰 수확일 것 같다. 대선 후보 한 사람이 연금개혁 총대를 매는 것이 아닌, 정치권 전체에 부담이 분산될 수 있어 좀 더 적극적인 문제 제기가 가능할 것 같아서다.

〈 중앙일보 〉 2021.11.02

뭘 알아야 면장을 하죠…윤석열 후보의 비전이란 게
고작 상대후보 비방입니까?

윤석열 후보가 '윤석열의 비선'이라는 걸 오늘까지 8회 발표했습니다.

그런데 매번 저를 비판하고 있습니다.

참 가관입니다.

변변한 정책공약도 없던 후보가 시험 앞두고 벼락치기 하듯이 참모가 써준대로 페북에 올리는 모습도 안쓰럽지만, 거기에 빠짐없이 저를 깎아내리는 게 우스꽝스럽습니다.

비전 발표 하고 싶으면 자기 비전이나 발표할 것이지 왜 상대를 허위로 비방합니까?

남의 공약 베낄 때는 언제고 급해지니까 비방 모드로 바꾼 겁니까?

"정책 몰라도 된다, 사람만 잘 쓰면 된다"고 하더니 고작 쓴 사람들이 남의 정책을 비방하는 사람들이라니, 참 한심합니다.

TV토론 때 본인의 복지공약이 뭔지 설명도 못하고, 반도체 미래도 시는 전력 때문에 안된다고 하던 실력 아닙니까. 그러면서 북한에다 첨단산업기지를 만들겠다고 했죠. 어이가 없습니다.

뭘 알아야 면장을 하죠. 그런데 대통령을 하시겠다고요? 나라 말아 먹겠습니다.

비전⑼ 부터는 본인 얘기나 한번 해보시죠. [2021년 11월 2일]

플랫폼 노동자와 시민의 안전을 해결하는 방법

지난 10월 25일 충청토론회에서 배달앱 오토바이 운전자의 안전에 대한 제 질문에 윤석열 후보는 고용보험 가입으로 해결하면 된다고 답하셔서 제가 황당했었습니다.

(* 플랫폼노동자 고용보험 가입은 2022.1부터 계획되어 있음)

플랫폼 앱이 너무 빠른 시간내에 배달하라고 재촉하면 사고가 날 수 밖에 없습니다.

반대로 라이더 분들이 조금이라도 더 벌겠다는 마음에

배달시간 단축에만 매달려도 사고가 납니다.

배달운전자 뿐만 아니라 도로의 다른 운전자, 보행자 시민 모두가

위험해질 수 있습니다.

해답은 플랫폼의 알고리즘에 있습니다.

적정 배달시간 부여, 신호위반 체크, 위험운전자 식별 등

알고리즘으로 해결할 수 있는 방법이 분명 있습니다.

플랫폼 기업이 이러한 방법을 마련을 하지 않아 각종 안전사고가 발생하면, 일반 보행자와 운전자 그리고 라이더의 피해에 대한 책임을 물어야 합니다.

유승민은 이런 위험한 세상을 두고 보지 않겠습니다.

유승민은 플랫폼 배달노동자들의 안전과 소득, 보행자의 안전, 소비자의 만족 모두를 생각하는 정책을 갖고 있습니다.

유승민이 대통령이 되는 나라, 상상해보십시오. [2021년 11월 2일]

이재명 후보님, 反시장정책으로 저성장과
부동산 위기를 어떻게 해결합니까?

민주당 선대위 출범식에서 이재명 후보는 경제성장과 부동산 문제를 해결하겠다고 큰소리 쳤습니다.

그런데 '대규모 국가투자'로 어떻게 경제를 성장시킵니까?

그리고 공공임대주택인 기본주택과 문재인 정부의 실패한 부동산 정책을 답습하면서 부동산 문제를 무슨 수로 해결한다는 말입니까?

제가 '공정한 성장'을 말했더니 이재명 후보는 '공정성장'을 말했습니다. 성장을 말하는 건 환영하지만, 제대로 된 성장 해법 없이 성장을 말하는 건 속임수에 불과합니다. 문재인 정부의 소득주도성장이 바로 그 속임수의 생생한 증거입니다.

진보세력은 '성장 콤플렉스' 때문에 선거 때만 되면 말로만 성장을 내세웁니다. 그러나 이들이 내놓는 성장의 해법은 경제를 망치는 것뿐입니다.

국민은 한번 속지 두번 속지 않습니다. 이재명의 번드르르한 사기극을 평생 경제만 고민한 유승민이 날려버리겠습니다.

역대급 취업난과 미친 집값을 잡을 후보는 유승민 뿐입니다.

우리 경제를 살립시다!

세상을 바꿔봅시다! [2021년 11월 3일]

이재명이 되면, 한국을 피하는 기업이 더 많아질 겁니다

최태원 SK그룹 회장이 미국의 정재계 인사들을 만난 자리에서 "2030년까지 미국에 510억 달러(61조원)을 투자하고, 이 중 절반을 친환경 분야에 집중해 미국의 탄소감축에 기여하겠다"는 보도가 나왔습니다.

지난 5월 한미정상회담 때는 삼성, 현대차, SK, LG 등 4대 그룹이 총 44조원의 대미투자 계획을 발표했습니다.

우리 기업들이 스스로의 필요에 따라 미국에 투자하는 것을 막을 수는 없습니다.

그러나 우리 경제의 성장과 일자리 문제를 걱정하는 저의 입장에서는 저 막대한 투자가 국내에, 특히 어려움이 큰 지방에 이루어졌다면 얼마나 우리 경제에 도움이 되었을까 하는 생각이 들어 정말 안타깝고 걱정됩니다.

초강대국 미국도 저렇게 기업을 끌어들이려고 애를 쓰는데, 우리의 상황은 어떻습니까?

자기들끼리 특혜를 나눠먹는 대장동 사태 같은 것은 방치하면서도, 시장경제의 정상 작동은 해치는 이재명 후보가 정권을 연장하겠다고 난리입니다.

민주당의 反시장정책을 막고, 해외로 빠져나가는 기업 투자가 꼭 국내에 이루어지도록 유승민이 만들겠습니다.

　노동시장을 유연하게 하고 규제를 풀고 기업이 원하는 인재를 길러내고 적극적 노동정책과 복지정책으로 어려운 분들은 국가가 돕겠습니다.

　국내에 투자하는 기업들, 국내로 돌아오려는 기업들을 최대한 우대하는 정책으로 좋은 일자리를 많이 만드는 대통령이 되겠습니다.

　유승민만이 우리 경제를 살릴 수 있습니다!　　　[2021년 11월 3일]

윤석열 후보와 캠프는 호남을 욕되게 하는
망언을 그만하십시오.

후보 본인의 망언과 캠프의 계속되는 호남 비하 행위.

이쯤 되면 단순한 실수가 아니라 의도적인 지역혐오 아닙니까.

선을 넘어도 너무 넘고 있습니다.

지역감정을 부추기는 낡은 구태정치는 어디서 배운 겁니까.

호남에 진심으로 사죄하고 호남의 마음을 얻기 위해 그동안 우리 당이 얼마나 진정성 있는 노력을 해왔는지 알기나 합니까.

그런 노력을 연이어 물거품으로 만드는 이런 행위야말로 해당행위입니다.

5.18묘역에서 무릎을 꿇고 사과하던 김종인 전 위원장께서 저런 후보를 지지하는 것도 자기모순입니다.

윤 후보는 무슨 낯으로 호남에 가려고 하는지요.

아무 것도 모르는 허수아비를 내세워 수렴청정 하려는 자들, 줄 잘 서서 한자리 하려는 파리떼들이 득실거립니다.

준비 안 돼 있고, 무능하고, 주술에 의존하는 후보, 120시간·부정식품·민란·손발노동·비정규직·인문학·청약통장·개사과·식용개 등 등 1일 1망언 후보.

상식적으로 이런 후보가 어떻게 본선에서 이재명을 이기고 대한민국을 이끌어 가겠다는 말입니까.

이미 전국민의 절반을 적으로 돌린데다 중도층인들 지지하겠습니까

본선에서 이재명을 잡을 사람은 정책, 토론, 도덕성, 품격에서 압도할 유승민 뿐입니다!

유승민과 함께 세상을 바꿔주십시오.

[2021년 11월 3일]

이 정권에서 멀쩡한 사람은 총리 뿐?

김부겸 국무총리가 "재난지원금 당장은 여력 없다. 손실보상이 시급"하다고 했습니다. 이재명 후보의 전국민 재난지원금이 말도 안된다는 점을 지적한 겁니다.

이재명 후보가 마치 대통령이 다 된 듯이 전국민 재난지원금을 두고 약해빠진 경제 부총리를 겁박하니 할 수 없이 총리가 나선 모양입니다. 이 정권에서 오랜만에 들어보는 정상적인 목소리 같습니다. 국민세금으로 매표행위를 하는 것은 불법이고 그렇게 세금을 쓰는 것은 정말 어려운 자영업자, 소상공인, 저소득층에게 죄를 짓는 일입니다. 이재명 후보는 음식점 총량제, 전국민 재난지원금, 주4일제, 공무원 부동산 강제매각과 같은 엉터리 정책을 하루 1개씩 내놓고 있습니다. 기본소득, 기본주택, 기본대출로 첫 단추부터 잘못 끼웠으니 정상적인 정책이 나올 리가 없습니다. 멀쩡한 후보 놔두고 이런 나라 말아먹을 포퓰리스트 이재명을 민주당 대표선수로 내보내야 하는 합리적인 민주당 지지자들도 정말 어이가 없으실 겁니다.

정책, 토론, 도덕성, 품격, 모든 면에서 이재명을 압도할 후보는 유승민 뿐입니다!

세상을 정말 제대로 바꾸시려면 정답은 유승민입니다!

[2021년 11월 3일]

저녁에 홍대앞에 갔습니다

거리에는 사람들이 제법 다녔지만 저를 붙잡고 하소연하는 OO빈대떡 사장님과 인근 가게 사장님들은 코로나 때문에 자영업자들 너무 힘들다고 그동안 겪은 고통을 말씀하셨습니다.

그 분들 말씀을 들으니 지난해부터 2년째 얼마나 힘들었을지 가슴이 아팠습니다.

빈대떡 식당 계산대 화면에는 오늘 손님은 0이고 배달주문만 2만8천원 한 건이 달랑 있었습니다.

자영업자 상황이 이런데 이재명 후보는 전국민 재난지원금을 또 지급하자고 합니다.

이재명 후보 눈에는 서민들의 눈물이 안보이는 모양입니다.

자영업자 소상공인 등 코로나로 극도의 어려움을 겪어오신 분들께 유승민이 대통령이 되어 재기의 희망을 드리는 정책을 펼치겠습니다.

[2021년 11월 3일]

후회하지 않을 선택을 해 주십시오

존경하는 국민 여러분, 당원 동지 여러분, 선거운동 마지막 날입니다.

과연 누가 우리 당 후보가 되어야 본선에서 여러분에게 승리를 드릴지, 대한민국을 위기에서 구해낼지, 이것만 생각해주십시오.

과거가 아니라 미래를 향한 선택을 해주십시오.

비전과 정책과 토론, 도덕성과 품격에서 이재명 후보를 이길 사람은 유승민 뿐입니다.

나라의 명운과 국민의 삶이 달린 중요한 선거입니다. 막말과 망언의 경쟁이 되어서도 안되고, 인기 투표가 되어서도 안됩니다.

정말 후회하지 않을 선택을 해주십시오.

유승민이 정권교체의 한을 풀어드리겠습니다.

유승민이 대한민국의 새로운 역사를 열겠습니다.

우리 경제의 심장을 다시 뛰게 만들어 다시 성장의 길로 나아가고, 좋은 일자리를 만들겠습니다.

부동산 문제 반드시 잡고, 인구위기와 양극화를 해결하겠습니다.

튼튼한 안보태세로 나라의 주권과 국민의 생명을 지키겠습니다.

후회하지 않을 선택, 유승민 뿐입니다.

유승민을 믿고 맡겨 주십시오.

반드시 보답하겠습니다. 감사합니다.   [2021년 11월 4일]

후보 리스크 없는 후보는 유승민 뿐입니다

이재명 후보가 웹툰 '오피스 누나 이야기'를 두고 한 말이 '화끈한데'냐 '확 끄는데'냐를 놓고 논란이 분분합니다.

원래 리스크가 있는 후보니까 말 한마디 할 때에도, 대형사고라고 민주당 지지자들이 걱정하는 겁니다. 후회하지 않을 후보, 본선승리가 확실한 후보, 정책, 도덕성, 품격을 갖춘 후보, 대한민국을 위기로부터 구해낼 후보, 유승민 뿐입니다.

유승민으로 정권교체하고

유승민으로 대한민국을 바꿉시다! [2021년 11월 4일]

22살 청년의 존속살인, 국가는 왜 존재합니까?
비극을 막을 책임은 국가에 있습니다

뇌출혈로 쓰러진 아버지를 혼자 돌보다가 가난을 견디지 못해 아버지를 돌아가시게 방치한 22살 청년의 사연을 읽고 마음이 너무 아파옵니다.

1인당 소득이 3만 달러가 넘고 선진국 다 됐다는 대한민국에서 이런 비극이 끊이질 않습니다. 죽어가는 아버지를 어찌 해볼 방법이 없어 전기도, 가스도 끊어진 어둠 속에서 울면서 아버지의 죽음을 기다린 이 청년의 절망을 생각하니 가슴이 터지는 것 같습니다.

국가는 왜 존재합니까? 복지국가는 대체 무엇이란 말입니까?

전국민 재난지원금을, 기본소득을 주장하는 정치인들은 이 비극을 어떻게 해결할지 답해야만 합니다. 자신들이 얼마나 죄의식도 없이 함부로 떠들어대는지 생각해봐야 합니다.

저런 비극을 해결하는 게 정치의 본질 아닙니까?

저 청년이 유죄 선고를 받더라도, 형기를 마치고 꼭 인간의 존엄을 되찾고 행복하게 살기를 기도합니다. [2021년 11월 4일]

〈승복연설〉

여러분의 따뜻한 사랑, 잊지 않겠습니다

존경하는 국민 여러분, 당원 동지 여러분,

저 유승민은 경선 결과에 깨끗이 승복합니다.

윤석열 후보님 진심으로 축하드립니다. 그리고 최선을 다하셨던 홍준표, 원희룡 후보님께 따뜻한 위로의 말씀을 드리고 싶습니다.

이제 저는 오늘부터 국민의힘 당원의 본분으로 돌아가서, 대선승리를 위해 백의종군하겠습니다.

부족한 저를 끝까지 믿고 지지해주신 국민 여러분, 당원 동지 여러분께, 진심으로 감사드립니다.

여러분의 따뜻한 사랑, 잊지 않겠습니다.

저를 지지해 주셨던 분들께 부탁드립니다.

이제 경선 과정에서의 일은 모두 잊으시고, 당의 화합과 정권 교체를 위해 함께 힘써 주시기 바랍니다.

이번 경선에서의 패배는 저 유승민의 패배일 뿐, 지지자 여러분의 패배가 아닙니다. 여러분께서는 더 큰 무대인 대선에서 승리하실 것입니다.

존경하는 국민 여러분, 저는 매일 '나는 왜 정치를 하는가?'를 스스로에게 물으며 정치를 해왔습니다.

우리는 왜 정치를 합니까? 우리는 매일 매일을 힘겹게 살아가시는 국민들께 희망을 드려야 합니다.

이 나라를 지켜온, 이 나라를 만들어온 보수정치가 이제 변화하고 혁신해서 정치의 본질에 답할 수 있어야 합니다.

대한민국을 지금보다 더 잘 사는 나라로, 더 강한 나라로 발전시키고, 매일 매일의 고통스러운 삶에 좌절하고 절망하는 젊은이들이 새 희망을 갖도록 진정한 민주공화국을 만들어가야 합니다.

오늘 비록 저는 승리하지 못했지만, 개혁보수 정치를 향한 저의 마음은 변함이 없을 것입니다.

우리 모두 끝까지 힘을 모아

함께 희망을 만들고,

함께 대선에서 승리해서,

대한민국이 승리하는 그 날이 오기를 바랍니다.

모든 국민의 힘을 모아 더 나은 세상을 함께 만들어 갑시다.

감사합니다.

[2021년 11월 5일]

　국민이 잘되면 좋겠습니다

231

국민이 잘되면 좋겠습니다

유승민의 페이스북 2

초판1쇄 2021년 12월 8일

엮은이 포럼 오늘

펴낸곳 도서출판 나루
주소 포항시 북구 우창동로80 112-202
출판등록 2015년 12월 4일
등록번호 제504-2015-000014호

ISBN 979-11-974538-4-7 03300